MÉMOIRES

DU

GÉNÉRAL DUMOURIEZ,

ÉCRITS PAR LUI-MÊME.

Vitamque impendere vero.

PREMIÈRE PARTIE.

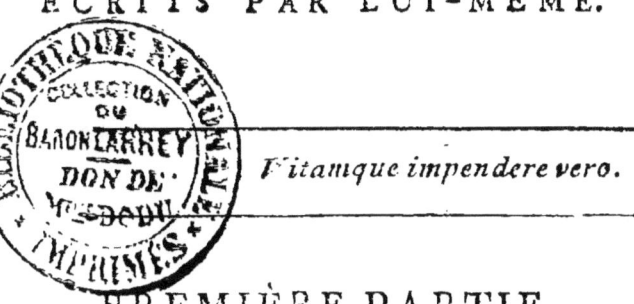

A PARIS,

Chez MICHEL, rue des Prouvaires,
n°. 54.

L'an III de la République.

AVIS.

Les *Mémoires de Dumouriez, publiés chez l'étranger, sous la datte de 1794, (v. st.), édition de* Hambourg *et* Leipzig, *me sont tombés entre les mains : j'ai cru rendre service à mon pays et au gouvernement, en les réimprimant. J'y ai fait toutefois quelques retranchemens que j'ai cru nécessaires. Des Français n'auraient pu voir qu'avec indignation des blasphêmes contre le gouvernement républicain, coloriés avec des sophismes assez brillans. Il était inutile et même dangereux de donner à de certaines gens des sujets de jubilation. Ces Mémoires pourront rectifier quelques jugemens sur les choses et les individus, et servir aux écrivains, qui se sont dévoués à l'honorable tâche d'écrire les annales de notre révolution.*

PRÉFACE.

Le général Dumouriez, abandonné à lui-même, seul dans l'Univers, errant de ville en ville, en proie à la rage du frénétique Français, qui croira venger sa patrie, et la débarrasser d'un traître, en lui plongeant un poignard dans le sein, ou du scélérat entraîné par la cupidité de gagner les cent mille écus que la Convention a décrétés pour le prix de sa tête ; forcé d'exister sous un nom supposé au milieu des étrangers, parmi lesquels il entend souvent des opinions aussi fausses que peu favorables sur sa conduite ; déchiré par la calomnie de tous les Journaux gagés par les Cours, qui flattent toujours le parti le plus heureux ; rencontrant par-tout des émigrés, aussi déraisonnables dans leurs desirs, et tout aussi acharnés contre lui que contre les féroces Jacobins; le général Dumouriez, que les ministres et les cours ont comblé de complimens et de caresses au moment où il a quitté son armée, et que les ministres et les cours persécutent et calomnient, depuis que dans trois manifestes il a déclaré ses véritables opinions, croit devoir enfin répondre à toutes les imputations lancées contre lui, en publiant les Mémoires de sa vie.

Les Journaux en ont fait un être extraordinaire. Dans tous on trouve son portrait, et les différens peintres qui l'ont essayé, se sont si fort contredits, que son caractère et son existence sont devenus une énigme, comme dit assez plaisamment un de ces Journaux. Dans le Courrier de l'Europe, on lui donne la force d'Hercule, la galanterie de Marc-Antoine, la mauvaise foi d'Annibal, l'insensibilité cruelle de Sylla, les talens politiques et militaires de César; on lui suppose enfin de grandes richesses dans les fonds d'Angleterre. Le Journal du Bas-Rhin, au contraire, lui accorde beaucoup d'esprit, mais le déclare le plus maladroit de tous les hommes. Dumouriez a regardé ce jugement comme un éloge. Il n'a jamais prétendu de sa vie à être adroit, c'est-à-dire, à savoir se retourner, et se replier sur son intérêt, d'après les circonstances. Dans tout ce qu'il a fait, il a agi d'après son caractère et ses principes. Nourri de la lecture de Plutarque, qu'il relit et médite tous les ans, il a trop peu vécu avec son siècle, pour être bien connu par d'autres personnes que par ses amis, très-peu nombreux. Hors le tems de ses guerres et de ses voyages, il a vécu avec ses livres et avec quelques personnes choisies, dont la plupart sont mortes.

Bien éloigné de la maxime des Epicuriens, *caches ta vie*, il va exposer la sienne aux yeux et au jugement de ses contemporains. Il n'a rien à perdre par cette démarche, puisqu'il est pauvre, errant, calomnié, proscrit, et par conséquent, ce que les hommes appellent malheureux. Il a tout à gagner, car les ames fortes et honnêtes qui le liront, s'intéresseront à lui, et deviendront ses amis. C'est avec eux qu'il veut vivre, ce sont eux, de quelques nations qu'ils soient, qu'il regarde comme ses compatriotes.

Q. Fabius Maximus, ce célèbre dictateur, qui put seul arrêter les conquêtes d'Annibal, et que le général

Dumouriez a tâché d'imiter dans sa campagne contre les Prussiens, disait à Paul Emile, lorsqu'il allait commander l'armée avec Varron : *Celui qui méprise la gloire, en trouve enfin une véritable et solide. On voit assez souvent la vérité souffrir quelqu'éclipse, mais elle n'est jamais entièrement éteinte, et elle perce enfin les nuages qui la cachent.*

Dumouriez pense comme Fabius; mais leur position est bien différente. Fabius était dans sa maison, en butte à la calomnie d'un parti, mais honoré dans le sénat et par tous les sages de Rome; on prenait encore ses conseils, il commanda encore les armées, et l'ingratitude n'était pas parvenue à effacer les grands services qu'il avait rendus, et pouvait rendre encore à sa patrie. Ainsi Fabius pouvait suivre son caractère temporiseur, et attendre tranquillement que la vérité perçât les nuages. Dumouriez n'est pas dans une position aussi heureuse. Son âge et sa santé lui présenteraient une carrière trop longue, si elle restait flétrie par l'injustice de l'opinion publique; ainsi, tant pour lui-même que pour son siècle, pour sa patrie, à qui il peut encore un jour être utile; pour ses amis, ses parens, ses partisans, il se croit obligé de repousser la calomnie qui le poursuit, et de crever le nuage qui couvre la vérité, par le récit le plus exact des faits qui lui ont donné lieu.

Cette nécessité l'oblige d'intervertir l'ordre de ses mémoires dans leur publication. Il commencera par soumettre à l'opinion publique la troisième partie, qui contient les faits de l'année 1793. Ils sont d'autant plus intéressans, qu'ils annoncent ce qui arrivera, et mettent le lecteur en état d'étudier les causes, pour prévoir les résultats. Si le général Dumouriez se permet quelque fausseté, les contemporains sont là pour le contredire. Ainsi, il s'engage à ne dire que la vérité, dût-elle même augmenter le nombre de ses ennemis. Il peindra les Français tels qu'ils sont, et non pas tels que les juge presque toute l'Europe, qui croit que toute la nation est devenue sans religion, sans bonne foi, et sans humanité. Les Français sont engagés dans une mauvaise cause, on peut les avoir en horreur, mais on ne peut pas les mépriser. Ils montrent un grand courage, et s'ils étaient guidés par des hommes vertueux et habiles, cette époque de leur histoire serait aussi honorable qu'elle est horrible. Malheureusement l'excès de leur licence tue la liberté de l'Europe entière. L'exemple de leurs infortunes persuadera les peuples, qu'il vaut mieux porter tranquillement ses fers, que de tomber dans l'anarchie, qui ne peut jamais finir que par le despotisme.

Deux questions se présentent naturellement, et le général Dumouriez, pour justifier son caractère, doit y répondre, en expliquant les motifs de sa conduite, qui paraît avoir été pendant trois mois, contradictoire avec ses opinions.

Pourquoi ce général, lorsque le roi a été arrêté le 10 août, a-t-il refusé d'obéir à l'ordre qu'il a reçu d'un autre général, qui le commandait, de faire prêter de nouveau le serment d'obéir au roi?

Dumouriez commandait alors dix mille hommes dans le camp de Maulde, vis-à-vis Tournay. Les Autrichiens, beaucoup plus nombreux, étaient continuellement aux mains avec lui. On venait d'envoyer le général Dillon, pour lui ôter le commandement. La conduite des ministres d'alors était visiblement contre-révolutionnaire, et ce sont eux qui ont perdu le roi, comme on le verra dans le second volume des Mémoires. La révolution du 10 août n'était point connue au camp dans tous ses détails. Faire prêter aux troupes le serment qu'ordonnait le général Dillon, c'était juger le procès, et déployer l'étendard de la guerre civile contre la nation, pendant qu'on avait l'ennemi à combattre ; c'était s'engager dans une querelle particulière, c'était enfin livrer Louis XVI aux poignards de la vengeance populaire.

Pourquoi, lorsque l'Assemblée Nationale s'est érigée en Convention, a aboli la monarchie, et institué la république, le général Dumouriez a-t-il reconnu et l'autorité de la Convention, et l'abolition de la monarchie, et le pouvoir de la république?

Très-peu de tems après l'aventure du serment refusé au camp de Maulde, arriva l'insurrection du général Lafayette. Le général Dumouriez eût ordre d'aller prendre le commandement de son armée. Lafayette se retira de France. Le roi de Prusse entre en Champagne avec une armée formidable. La terreur et la trahison assurent ses succès. Longwi et Verdun sont pris. Dumouriez en force dans son camp de Grandpré, rassemble son armée à Ste. Menehould. L'histoire de France ne présente pas une seule époque plus dangereuse. Le 20 septembre, jour auquel la Convention déclarait la république, Dumouriez et Kellermann repoussaient les Prussiens, qui avaient voulu les combattre à Valary. Les armées étaient en présence, on s'attendait chaque jour à une bataille ; ce n'était pas le moment d'engager une querelle et une scission sur la forme du gouvernement. Il fallait d'abord chasser l'ennemi et sauver la patrie. D'ailleurs, le peuple était furieux contre Louis XVI, qu'il regardait comme un traître. Soutenir la royauté en ce moment, eût été le signal de son massacre. On eût regardé cette déclaration comme un acte de complicité, qui eût ôté au général la confiance de ses compatriotes, et qui eût livré la France à une conquête facile.

Aussi tôt après la retraite des Prussiens, le général Dumouriez fit la campagne des Pays-Bas, et ce n'était qu'après s'être donné les Belges pour alliés, et fortifiés par ses succès, qu'il pouvait espérer, et de donner la paix à sa patrie, et de délivrer le roi prisonnier, et de rétablir d'une manière stable la constitution de 1789. Depuis cette époque les événemens ont tournés d'une manière si contraire à tous les calculs de la probabilité, le voyage de Dumouriez à Paris, et les événemens subséquens ont jetté un jour si terrible sur les crimes, la rage et la puissance des jacobins, qu'il a cru devoir ne plus garder de ménagemens, et séparer la cause de la patrie de celle de ces monstres. Son plan était hardi, aucun autre chef ne pouvait avoir un espoir mieux fondé de réussite ; mais tout a tourné contre lui, sur-tout le caractère inconstant de son armée.

Cette contrariété apparente entre les principes politiques de Dumouriez, et sa conduite militaire, lui a attiré un reproche bien injuste de la part des Emigrés, et même de quantité de personnes réfléchies, qui l'ont jugé sur les événemens qu'elles connaissaient mal.

Dumouriez, nommé ministre des affaires étrangères, a montré le plus grand attachement à la Constitution ; ses dépêches, ses discours à l'Assemblée nationale en font foi. Il a lutté également contre les républicains et contre les Royalistes. Il a fait chasser trois ministres Républicains, sans pour cela se rejoindre à la faction de la cour, et il a fini par être lui-même en butte à toute la rage des Jacobins, qui voulaient l'envoyer à Orléans. L'opinion publique à cet égard était si bien fixée sur son compte qu'on mit au bas de son portrait le distique suivant.

<blockquote>Inflexible soutien du trône et de la loi,
Il fut ami du peuple, il fut ami du roi.</blockquote>

Parvenu ensuite au commandement des armées, il n'eût ni le tems, ni la volonté de se mêler des intrigues et des crimes de Paris. Il s'occupa tout entier à repousser l'ennemi extérieur, et à lui faire tout le mal possible.

On lui reproche cependant de n'avoir changé de parti, qu'après avoir été battu. 1°. Il n'a point changé de parti, car après avoir abandonné les Républicains, avec lesquels il était brouillé d'avance, il ne s'est pas joint aux Royalistes, et pour qu'il n'y eût pas de doute sur son opinion, il a sur-le-champ exprimé son vœu pour le rétablissement de la Constitution. 2°. Il était en querelle réglée avec les Jacobins et le Ministre de la guerre, au milieu de de ses expéditions Belgiques, dès le mois de novembre, comme on peut le voir dans sa correspondance avec le ministre Pache, imprimée en janvier 1793. Dans ce même mois de janvier, il a envoyé à la Convention quatre mémoires contre le décret du 15 décembre, et il ne s'est pas présenté à la Convention, ni aux Jacobins. Il a en même tems donné sa démission. 3°. Obligé, pour sa propre sûreté, de retourner à la tête de l'armée, il a continué à s'opposer aux injustices des Jacobins. Le 12 Mars, il a écrit à la Convention cette lettre fameuse, dont on lui a fait un si grand crime. Ainsi, avant d'aller combattre le prince de Cobourg, et de décider le sort des deux Nations dans les pleines de Nerwinde, il était ouvertement brouillé avec la Convention, proscrit, et nécessairement engagé à la renverser ou à périr.

Ce reproche a été exprimé très-amèrement dans une lettre de l'électeur de Cologne au général Dumouriez, imprimée avec une publicité cruelle; il semble que ce prince aurait dû l'épargner à ce général, qui était alors errant et malheureux. Il ne doute pas que ce prince n'ait l'ame assez noble pour regretter d'avoir fait ou laissé imprimer un reproche aussi dur, lorsque par la lecture de ses Mémoires il sera convaincu de son injustice. C'est celle qui a le plus affligé le général Dumouriez, vu la juste consideration que mérite son auteur.

Aucune nation de l'Europe ne peut se dissimuler qu'elle a elle-même le plus grand intérêt à la catastrophe de la révolution Française. Si les puissances belligérantes rétablissent la monarchie telle qu'elle était, la vengeance des nobles et les proscriptions tomberont sur la moitié du peuple, ne fut-ce que pour rentrer en possession de leurs propriétés et de celles du clergé. Mais comme le peuple est plus nombreux, comme il a joui de la liberté et même de la souveraineté, le triomphe du monarque, de la noblesse et du clergé, ne durera qu'autant que les troupes étrangères contiendront les vaincus. Les révoltes seront continuelles; et une autre révolution, encore plus terrible, rendra la souveraineté au peuple.

Si, par l'insouciance des puissances

belligérantes, la Convention nationale et les Jacobins l'emportent, et si la France subsiste en république, alors la propagande reprendra toute sa force ; d'abord les peuples voisins, ensuite les plus éloignés, seront suscités à imiter les Français, l'anarchie fera le tour de l'Europe, et tous les gouvernemens éprouveront rapidement la même révolution que la France.

Il est un juste milieu, que la partie *saine* de la nation Française desire, qui peut faire son bonheur, et qui assurerait la tranquillité de l'Europe ; c'est que la France devienne une monarchie constitutionnelle. C'est à quoi doivent tendre les souverains qui ont actuellement les armes à la main contre la France. C'est la sûreté du monarque qui remontera sur ce trône renversé. C'est le gage de la paix universelle.

Il faut bien se persuader que si la monarchie, telle qu'elle était, ne peut se rétablir en France d'une manière stable, la démocratie républicaine, telle qu'elle y existe, ne peut y subsister long-tems.

On n'a que trop exercé la métaphysique dans cette matière importante, qui se réduit à des vérités très-simples. Toute constitution politique peut rendre le peuple heureux, quand elle est de son choix, et quand le gouvernement marche avec liberté et selon la loi. La monarchie convient exclusivement à un grand Etat, parce qu'il a la faculté de payer la dépense qu'entraîne la royauté. La république convient mieux à un pays circonscrit et pauvre, parce qu'elle est moins chère. La monarchie se rapporte à l'unité, qui est la perfection dans le commandement. Elle renferme deux grands avantages, la promptitude et le secret. L'aristocratie est nécessaire dans la république, parce qu'elle se rapproche de l'unité de la royauté, et elle exclud l'arbitraire, qui est le vice ordinaire des monarchies. Quant à la démocratie, elle ne peut produire qu'un gouvernement absurde; elle ne procure ni un ensemble d'opinions, ni prudence, ni promptitude, ni secret; elle ne peut qu'agiter le peuple, et le priver du bonheur.

Toutes les républiques connues, anciennes et modernes, ont été aristocratiques; il ne faut pas même en excepter Athènes, qui n'a eu de splendeur et de succès, que lorsqu'elle se laissait gouverner successivement par Aristide, Thémistocle, Cimon, Périclès, et qui a été réduite sous l'esclavage; d'abord des Lacédémoniens, ensuite de Philippe de Macédoine, lorsqu'elle n'avoit plus des aristocrates à la tête des affaires, et lorsque la démocratie triomphante lui avait enlevé toute sa force.

Nos mœurs, nos sciences, nos arts, notre commerce, notre existence habituelle, nos richesses, notre luxe, en un mot, toutes les jouissances sur lesquelles sont fondés le bonheur et la splendeur de notre siècle, s'opposent à l'établissement d'une république; il faudrait remonter à la simplicité des siècles primitifs, perdre tous nos avantages, et rentrer, pour ainsi dire, dans l'état de nature, pour pouvoir fonder solidement un gouvernement qui eût pour base l'égalité parfaite entre les hommes. Ce gouvernement ne pourrait être que le contrat d'un peuple sauvage, qui s'assemblerait pour la première fois en société.

Les Français se sont étrangement mépris à cet égard. Ils citent continuellement les premiers Romains, auxquels ils se comparent. Mais Brutus, en chassant les Tarquins, qui étaient des tyrans effroyables, en abolissant la royauté, se garda bien d'établir l'égalité et la démocratie. Il divisa l'autorité royale entre deux consuls, auxquels il laissa les licteurs, les faisceaux, les haches et tous les attributs réels de la royauté; ne leur ôtant que le sceptre, la couronne, le manteau et les autres marques extérieures. Il ôta au pouvoir souverain la perpétuité et l'hérédité, et il borna sa durée à une année. Mais les consuls étaient pris dans la classe aristocratique, qui était le sénat. A la vérité, cette forme de gouvernement reçut quelques modifications avantageuses du peuple, lorsque des Plébéiens entreprenans attaquèrent le sénat, soit par leurs décemvirs, soit par leurs tribuns. Mais le gouvernement resta plus de cinq cents ans aristocratique, tel que Brutus l'avait établi. Si le sénat n'avait pas eu la sublime politique de rendre le peuple Romain conquérant, son gouvernement aurait ressemblé à celui qu'on a vu depuis à la république de Florence ; toujours faible, toujours agité par les guerres civiles, il eût été facilement envahi par quelque voisin ambitieux ; Rome eût été conquise, ou partagée, ou le prix d'une dot, ou d'un héritage, comme Florence, et à peine l'histoire parlerait-elle de cette ville, devenue la plus célèbre du monde entier.

Mais cette république, que fonda Brutus, en chassant un tyran, qui n'était que le successeur de six rois, ayant un pouvoir limité, qu'on pouvait regarder comme les premiers magistrats d'un gouvernement mixte et constitutionnel, modéré par un sénat, et ne s'étendant que sur une nation naissante, et bornée au territoire de cinq ou six petites villes, il aurait été impossible de l'établir après la mort de César, ou après celle de

Tibère ou Néron. L'empire Romain était alors trop vaste, les Romains trop riches, le luxe, les arts et toutes les jouissances qui en dérivent avaient détruit le germe républicain. D'ailleurs la liberté n'exige pas nécessairement le gouvernement républicain. L'Angleterre prouve qu'un peuple peut être libre avec un roi. La liberté consiste à n'obéir qu'à la loi, faite par le peuple lui même; la loi est le sanctuaire dans lequel réside sa souveraineté, et les rois, ou autres magistrats, à qui il délègue le pouvoir exécutif de la loi, y étant soumis comme le simple citoyen, le peuple est libre autant qu'il doit l'être pour son bonheur. Au delà est l'anarchie.

Il est très-prouvé qu'on ne peut établir dans ce siècle ci une république, qu'en anéantissant tous les avantages qui distinguent le siècle même. On ne peut arriver à ce but qu'en confondant toutes les propriétés, et en forçant toutes les volontés par la cruauté, par la terreur et par tous les crimes. Il faut nécessairement passer par l'anarchie. Mais conduit-elle à l'égalité et à la liberté? Non. Elle ne fait que renverser l'ordre établi, et substituer à l'aristocratie héréditaire, celle de la populace, qui étant moins raisonnable et moins bien élevée, doit nécessairement exercer une tyrannie plus insupportable, et c'est ce qui arrive en France. Les palais, les châteaux, les meubles précieux de la noblesse et du clergé ne peuvent pas être partagés également ; ils deviendront donc la proie des scélérats les plus effrontés et les plus hardis. Peut-être verrons-nous un jour l'ex capucin Chabot, seigneur de Chantilly ; Bazire, seigneur de Chambord ; Merlin, seigneur de Chanteloup, remplaçant le grand Condé, le maréchal de Saxe, le duc de Choiseul. Peut-être verrons-nous des métamorphoses encore plus extravagantes. Que gagnera le peuple à ce changement hideux de grands propriétaires ? Il ne fera que changer d'aristocrates. Mais quelle nouvelle espèce d'aristocrates !

Ce désastre, encore plus affreux que ridicule, ne regarde à présent que la France. Mais sa république démocratique, ou plutôt monstrueuse et *acéphale*, ne peut subsister que par le règne de l'anarchie chez ses voisins. Ainsi son intérêt, et toute sa politique, (et elle ne s'en cache point), ne doit tendre, qu'à prêcher l'anarchie, à la propager, et à la faire régner autour d'elle ; et comme l'expérience prouve qu'il est très-aisé d'égarer les peuples en leur prêchant la liberté ; comme il est bien plus facile de renverser que d'édifier ; comme partout les pauvres et la populace sont plus nombreux que les aristocrates les riches dès qu'ils auront l'exemple et l'appui des anarchistes Français, il est à craindre qu'ils n'imitent leur excès, et que la licence, l'anarchie et l'*ochlocratie*, ne fassent le tour de l'Europe.

Cette confusion, accompagnée de tous les malheurs qui en résulteront, est inévitable, si les puissances de l'Europe ne parviennent pas à détruire la possibilité de cette funeste révolution, en arrêtant les progrès de celle de la France. Les forces que les différens gouvernemens combinés employent à ce projet sont si grandes, que si elles sont dirigées avec sagesse et prudence, la réussite est infaillible ; mais si elles en abusent pour dépouiller la famille infortunée qu'elles prétendent rétablir sur le trône, alors les excès du peuple Français seront justifiés par ceux de l'ambition de ces gouvernemens, et les mêmes dangers renaîtront. Le général Dumouriez a développé ces dangers dans un autre ouvrage, qu'on lui a promis de remettre à l'empereur; il souhaite, pour le bien de l'humanité, qu'il soit lu avec attention et profit.

Lorsque le général Dumouriez appuie sur la nécessité d'étayer tout gouvernement sur l'aristocratie, ce n'est pas qu'il prétende qu'on doive tout donner à la noblesse, et rien au peuple. La vertu, militaire et autre, a fait les premiers nobles. Les titres, les parchemins et les propriétés foncières, comme duchés, marquisats, baronnies, châteaux, terres, etc. appartiennent bien légitimement à leurs descendans, et rien n'a été plus juste que d'en priver ceux qui n'ont pas porté les armes contre leur patrie ; car ceux qui ont émigré pour y rentrer en conquérans, se sont exposés à la chance d'en être dépouillés. Mais vis-à-vis de la Loi, ni pour la distribution des emplois publics, la noblesse ne doit avoir aucun privilége. Dans un gouvernement libre, quel qu'il soit, un noble n'est qu'un citoyen tout comme un autre. Il doit concourir comme eux, par ses services, ses talens et ses vertus, à l'acquisition des dignités de l'Etat. Il a sur le Plébéien l'avantage d'une éducation plus soignée, d'une aisance plus considérable, et de l'exemple de ses pères. Voilà la véritable égalité, la seule qui puisse exister, et la seule qui ait existé de tout tems, et chez tous les peuples.

Ce n'est pas parce que tous les membres de la Convention, et tous les généraux actuels de l'armée Française, sont tirés de la classe Plébéienne, que les décrets des uns, et la conduite militaire des autres excitent l'indignation et le mépris, mais parce qu'ils sont injustes, absurdes, criminels, ignorans et cruels.

Il est très-vrai qu'un état politique peut exister, même avec un roi, sans cour, et sans grands seigneurs. Il n'es pas vrai qu'un grand état puisse exister sans noblesse, car la noblesse étant une récompense de la vertu, devient une propriété, ou un caractère ineffaçable pour le descendant de l'homme vertueux. On ne parle ici que de la noblesse d'origine ; car celle que vendaient les rois, et qui n'était qu'un abus de leur avarice, ne sera plus achetée, et s'anéantira d'elle-même, comme ridicule et vuide de sens; quand la noblesse ne donnera plus ni prérogatives, ni priviléges pécuniaires, contre lesquels le peuple se récrie avec justice, et qui resteront abolis en France, de gré ou de force, soit par la constitution, soit par l'anarchie, soit par une nouvelle révolution, si on s'obstine à les relever.

L'aristocratie que le général Dumouriez regarde comme nécessaire à tout gouvernement, est celle des vertus et des talens. Gouverner, juger, diriger vers la religion, conduire à la guerre les citoyens d'un grand empire, sont des métiers qu'il faut étudier comme les autres. La déclaration des droits de l'homme, et la constitution, dont elle forme la base, apprennent au roi des Français comment il doit faire le choix de ses coopérations. Le droit de les choisir est le plus bel attribut de la royauté. Au reste, qu'on lise avec attention cette constitution sublime, quoiqu'imparfaite : et qu'on trouve ensuite sur la terre un état plus heureux pour un homme sage et vertueux, que celui de roi de France !

Français, croyez en tous les peuples de l'Europe, qui l'ont jugée de sang-froid. Reprenez tous de bonne foi ce code de la vraie philosophie, votre monarque sera adoré et puissant, votre noblesse redeviendra digne de ses ancêtres, votre clergé sera de bon exemple, utile et respecté, et vous serez la nation la plus heureuse de la terre.

Tels sont les vœux les plus ardens de l'homme que vous voulez assassiner, parce qu'il vous a sauvés, et vous a toujours parlé raison ; que les Emigrés accablent d'injures et de calomnies atroces ; parce qu'en se séparant de vous, il n'a pas voulu tomber dans un autre excès, en faisant cause commune avec eux ; que les ministres de plusieurs cours peignent comme un homme dangereux, parce qu'il a soutenu que le pouvoir souverain réside dans les peuples, ainsi que la faculté de faire les loix, principe tiré de la Bible, reconnu de tous les philosophes anciens et modernes, et qui plus est de tous les publicistes, même Allemands ; principe qui lie les peuples aux rois, et les leur rend plus chers et plus respectables, puisqu'ils sont identifiés avec le contrat social. Rien ne le fera varier, ni sur les opinions, ni dans sa conduite, ni à l'égard des vœux qu'il forme pour votre bonheur, parce que la raison, et non la fortune, doit guider l'homme de bien.

Et vous tous, gouvernemens de l'Europe, de quelque nature que vous soyez, croyez que l'homme honnête et persécuté, que vous semblez méconnaître, auquel vous refusez un asyle qu'il a droit de trouver par-tout, quoiqu'il n'apporte pour toute recommandation qu'une ame pure et un sens droit, est doué d'une philantropie universelle, qui lui inspire du respect pour toutes les autorités constituées, et qui ne lui laisse désirer que le bonheur et la tranquillité des peuples de la terre, qu'il abhorre la guerre, et qu'il ne la fera, même au service de sa patrie, que lorsqu'il la croira juste et utile, si ce fléau peut quelquefois être utile à l'humanité, pour arrêter l'ambition et l'injustice.

MÉMOIRES
DU GÉNÉRAL
DUMOURIEZ.

Année 1793.

LIVRE PREMIER.

CHAPITRE I.

État des affaires générales.

ON a vu, pendant l'année 1792, les Français défendre avec courage, la liberté qu'ils avaient conquise par des moyens trop violents pour ne pas en abuser, ainsi que de leurs succès. Victorieux jusqu'alors, ils se croyaient désormais invincibles. Ils ne cherchaient plus à gagner l'esprit des peuples qui les avaient reçu à bras ouverts. Ils ne voyaient que des conquêtes,

Tome I. A

Tous les hommes d'Etat étaient disparus, pour éviter la persécution de l'*ochlocratie*, qui gouvernait par la terrible société des Jacobins.

Paris était alors entre les mains des Fédérés, appelés d'abord par le parti de la Gironde; mais qui, dès leur arrivée à Paris, avaient été séduits et entraînés par les Jacobins; ces Fédérés menaçaient de la guillotine Péthion, Brissot, les chefs du parti de la Gironde, et sur-tout le général Dumouriez, que Marat, Robespierre, et les autres chefs des Jacobins annonçaient pour être l'instrument et le protecteur de ce parti, qu'on avait désigné sous le nom de *Politiques*. Cette prévention, contre le général, était fausse; il n'était lié à aucun des deux partis, ne les estimant pas plus l'un que l'autre, et les regardant comme également nuisibles au bonheur de la France, dont il avait tout lieu de désespérer, et qu'il ne prévoyait pouvoir sauver que par une révolution qui les abattrait tous les deux. Il n'avait, pour y parvenir, d'autre ressource que son armée; mais on verra dans le chapitre suivant, combien cette ressource était faible.

La France présentait alors une apparence de prospérité, qui énorgueillisait la nation, et sur-tout le parti dominant; mais s'étant rendu odieux au-dehors, il s'était en même-tems rendu faible au-dedans. Du côté de l'Italie, les Alpes bornaient l'empire Français, agrandi de la Savoie et du comté de Nice, qui s'étaient donnés à la république. Mais la violence seule avait eu part à cette association. Des clubs très-peu nombreux, de citoyens tarés et qui ne pouvaient avoir d'existence que par un changement de domination, étaient dans chaque ville appuyés par les Jacobins-soldats, répandus dans chaque armée. Leurs délibérations violentes acquerraient bien vite force de loi; on ne se donnait pas même la peine de recueillir les voix; on menaçait, on violentait; des adresses patriotiques arrivaient du pied des Alpes, des montagnes de l'évêché de Bâle, de Mayence, de Liége et de la Belgique; la Convention nationale croyait, ou faisait semblant de croire, que la douceur de notre liberté était prouvée par l'unanimité des peuples étrangers, qui se rangeaient sous ses drapeaux.

Genève était devenue un club au lieu d'une république. Clavière exerçait ses ressentimens contre sa patrie : ministre des finances par le parti de la Gironde, il avait perdu le général Montesquiou, qui, en remplissant ses devoirs, comme chef des armées, avait voulu sauver cette ville et la Suisse de l'influence de nos furieux Jacobins.

La principauté de Porentrui, trompée par Gobel, évêque de Paris, et par son neveu Ringler, deux intrigans méprisables, s'était aussi agrégée à la France, et partageait ses folies dangereuses.

Custine tenait Worms, Spire et Mayence, mais il avait manqué Coblentz, et il avait évacué Francfort, après y avoir fait détester l'avarice et la turbulence de gens entre les mains desquels le flambeau de la philosophie était devenu une torche incendiaire.

Entre son armée et celle des Pays-Bas, commandée par le général Dumouriez, il en avait existé une sous les ordres du général Beurnonville; mais ce général l'avait anéantie dans une expédition honteuse et trop tardive contre Trèves; il en avait perdu un tiers, et les deux autres tâchaient de se remettre dans des cantonnemens en arrière dans la Lorraine. Les Prussiens et les Autrichiens avaient rempli l'intervale qu'avaient laissé cette armée, et leur position, consolidée à Coblentz, Trèves et Luxembourg, coupait toute communication entre Custine et Dumouriez; ainsi, il n'y avait plus d'ensemble entre les plans de ces deux armées, dont la combinaison avait été dérangée par le fol orgueil de Custine, et par l'insigne trahison de Pache, de Meunier et d'Hassenfratz, gouvernans le département de la guerre, qui, pour perdre Dumouriez, avaient désorganisé les armées, et leur avaient enlevé tous les moyens de subsistance. Les Pays-Bas étaient au pouvoir de l'armée, dite de la Belgique, composée de celle de Dumouriez et de celle des Ardennes, commandée par le général Valence. Cette dernière n'était forte que de 15000 hommes. Ces deux armées tenaient Aix-la-Chapelle et les bords de la Meuse. Des clubs nombreux agitaient toutes les villes de la Belgique. La Convention y avait envoyé des commissaires pour l'exécution du décret du 15 décembre, qui mettait tous les biens en séquestre, et qui éloignait, par sa rigueur, la possibilité de réunir à la république Française ces belles provinces, quoique ce projet fût le but de cette loi. Mais on voulait se presser d'en tirer tout le numéraire, avant d'opérer cette réunion. C'était le projet du financier Cambon, et il s'en vantait.

Les six commissaires de la Convention, employés à cette opération, étaient les plus propres à la faire manquer, par leur caractère immoral et féroce. Danton, homme d'une grande énergie, sans éducation, aussi hideux au moral qu'au physique ; Lacroix, escroc, homme de plaisir, spadassin, sans aucun principe ; Camus, le plus dur, le plus hautain, le plus mal-adroit, le plus pédant des Jansénistes ; Treillard, à-peu-près de même espèce ; Merlin de Douay, assez bon homme, mais atrabilaire, et gâté par un républicanisme exagéré et mal entendu ; Gossuin, un homme violent, avec les idées les plus absurdes.

A ces six commissaires on en avait joint trente-deux autres, nommés par le pouvoir exécutif ou le conseil, mais désignés par le club des Jacobins de Paris. Ceux-ci étaient, pour la plupart, des bêtes féroces et des scélérats, qui n'entraient dans ces riches provinces que pour piller et massacrer. Ils s'étaient divisé ce malheureux pays, et en même-tems qu'ils forçaient, à coups de sabre et de fusil, les habitans à demander leur agrégation à la république française, ils dépouillaient les églises, les châteaux, pillaient les caisses, vendaient à bas prix le mobilier de tous les gens qui leur portaient ombrage, qu'ils désignaient sous le titre odieux d'aristocrates, et envoyaient, comme ôtages dans des places fortes de France, des pères de famille, des vieillards, des femmes et des enfans.

Le nord et l'ouest de la France commençaient à développer les germes du mécontentement contre cette sanglante et terrible anarchie, mais les contre-révolutionnaires de la Vendée n'étaient pas encore dangereux, et ils auraient été écrasés très-facilement, si le pouvoir exécutif, avait été susceptible de la moindre prévoyance. Mais que peut-on attendre d'un gouvernement où les sages délibèrent et où les foux décident!

La Convention était divisée en deux factions également atroces, la Montagne et les Girondistes. La première, composée des plus furieux Jacobins, ne palliait ni ses vices, ni ses crimes; elle ne respirait que sang et carnage; hors d'état de dominer elle-même, parce qu'elle n'a point de tête ni de plan, elle ne peut souffrir aucune domination. Aucun de ses Chefs actuels ne peut se vanter de la gouverner, et elle fait consister la liberté dans l'anarchie. L'autre faction, composée de métaphysiciens et de politiques, avait abusé long-tems de la supériorité que lui donnaient des talens et une meilleure éducation. Elle avait traité les Jacobins avec mépris, maîtresse du ministère, elle croyait tenir les rénes du gouvernement. La Convention avait été révoltée de sa hauteur et de son orgueil; on avait reconnu que cette faction n'était ennemie de la royauté, que parce qu'elle avait espéré se mettre à sa place. Alors le parti mitoyen de l'Assemblée, celui qui était même révolté des violences des Jacobins, avait été encore plus effrayé de l'ambition des Condorcet, Brissot, Péthion, Gensonné, Guadet, Vergniaux, etc. et tout le monde s'était réuni pour abattre cette faction trop hautaine.

Le procès du roi n'avait été entamé

que par la haine de ces deux factions; il lui servait d'aliment, et les Girondistes ont reconnu trop tard combien il leur a été funeste. Louis, victime de leur ambition et de leur lâcheté, a entraîné leur chûte et le triomphe des Jacobins.

Cette division de l'Assemblée partageait aussi les départemens, qui épousaient les diverses passions de leurs députés. Bordeaux, Marseille, Lyon, détestaient la Montagne, et se préparaient d'avance à la scission, qui a éclaté depuis, et qui a dégénéré en guerre civile.

Les Pyrénées garantissaient encore, par leurs neiges, les provinces voisines de l'Espagne; cette puissance préparait lentement les moyens d'attaque qu'elle a développés depuis contre le Roussillon; et la Convention, uniquement occupée de ses querelles et de Paris, ne pourvoyait aucunement aux moyens de lui résister.

Paris, la ville la plus infortunée et la plus criminelle qui ait jamais existé, se croyait la rivale de Rome, parce qu'en peu de mois elle avait amassé dans son sein tous les crimes, les massacres, les catastrophes, accumulés en plusieurs siècles sur la capitale de l'empire Romain. Quarante spectacles, toujours pleins, amusaient ses habitans frivoles, lâches et barbares, pendant qu'une cinquantaine de scélérats, aussi absurdes que cruels, soutenus par deux ou trois mille satellites, le rebut de toutes les provinces, et dont même la plupart n'étaient pas Français, faisaient, tous les jours, oublier les crimes ou les massacres de la veille par ceux du lendemain. La caverne affreuse des Jacobins engendrait tous les maux, et portait la terreur dans toutes les maisons. Tous les propriétaires tremblaient, et les citoyens qui, dans un tems tranquille, auraient été doux et vertueux, s'étourdissaient sur les crimes et sur les cruautés, et semblaient y applaudir de peur d'en devenir les victimes. Tous les hommes qui avaient un peu de vertu ou de pudeur avaient fui, ou avaient été chassés de l'administration, du département, de la municipalité ou des sections. Un signe certain annonce et prépare la chûte des empires. Alors toutes les bonnes têtes se cachent, il ne reste pour gouverner que les fous et les méchans, et cela arrive toujours à l'époque où des intelligences surnaturelles mêmes, ne retireraient pas le peuple de la crise où l'a conduit sa frénésie.

Voilà quelle était la situation terrible de la France au commencement de l'année 1793.

CHAPITRE II.

État des Armées.

QUAND même l'état politique de la France eût eu quelque solidité; quand même la France eût attiré le cœur des Nations chez lesquelles elle portait ses armes, au lieu de les aliéner par une tyrannie plus grossière que celle du despotisme, il était impossible que cette nouvelle république se soutînt contre l'intérêt de toute l'Europe, si elle n'avait pas un état militaire capable de faire face, à-la-fois, à une attaque environnante de terre et de mer. La Convention nationale avait lancé un décret le 19 novembre, contre tous les despotes de l'Univers, avait invité tous les peuples à secouer leur joug, et avait promis sa protection et sa fraternité, à condition qu'ils imiteraient le peuple Français. Mais il eût fallu avoir abattu la puissance de l'Empereur, du roi de Prusse, de l'Espagne, de la Russie, etc. avant de se permettre une levée de bouclier aussi orgueilleuse. Un sénat juste et appréciant les droits de l'homme réunis en société, (car l'homme sauvage n'a point de droits et l'état de nature les confond tous,) aurait regardé comme injuste un pareil décret. Le *Compelle intrare* n'est pas plus philosophique en droit social qu'en théologie. La propagande Jacobine n'est pas plus juste que celle de l'église romaine, et la liberté ne doit pas se prêcher à coup de sabre comme l'Alcoran. Mais en prenant ce parti violent, on suppose, sans doute, que la Convention nationale, voulant réunir tous les hommes sous l'étendard de la liberté, avait fait des efforts pour que son décret du 19 ne fût pas une vaine et dangereuse jactance, et qu'elle avait en conséquence établi son état militaire sur le pied le plus formidable.

Le général Dumouriez, en entrant au ministère de la guerre, qu'il n'avait gardé que trois jours, l'ayant pris le 13, et quitté le 16 juin 1792, avait très-audacieusement lu à l'Assemblée nationale un mémoire, dans lequel il avait prouvé très-aisément qu'on ne s'occupait pas de l'armée, et que bien loin de se mettre en état de soutenir la guerre, on prenait les moyens de perdre la liberté. Ce mémoire avait été oublié. La campagne s'était faite. Les succès de ce général, qui auraient dû lui gagner la confiance de ses concitoyens, au moins sur la partie militaire, n'avaient fait qu'inspirer des soupçons contre tous les avis qu'il pouvait donner. Non-seulement on avait dénaturé son plan de campagne, mais on avait voulu arrêter sa marche trop rapide. Le parti de la Gironde lui disait tout franchement, qu'on serait très-fâché qu'il forçât trop promptement les puissances ennemies à demander la paix ; parce qu'on craignait d'être embarrassé du retour de l'armée avant l'achèvement de la constitution. Les Jacobins, qui croyaient le général lié avec le parti de la Gironde, affectaient d'accuser son ambition ; leurs dégoûtantes feuilles, sur-tout celle de Marat, le faisaient tantôt dictateur, tantôt duc de Brabant, tantôt chef du parti d'Orléans, et voulant porter sur le trône le fils aîné de l'odieux Philippe. Rien n'était plus contradictoire que ces calomnies ; car si Doumouriez voulait être dictateur, il n'était sûrement pas l'agent du parti d'Orléans ; s'il voulait être duc de Brabant, il avait encore un autre intérêt indépendant des intrigues de sa patrie. Mais les déclarations les plus absurdes suffisaient pour détruire un homme de bien. Cependant, comme on craignait que les moyens de la calomnie ne fussent insuffisans pour arrêter les progrès d'un général victorieux, on y ajouta des manœuvres beaucoup plus efficaces, qui ont achevé de ruiner les ressources militaires.

Le ministre Rolland, le plus intrigant et le plus mal-adroit de tout le parti de la Gironde, avait un ami, homme d'esprit, et grand fanatique, nommé Pache. Servan, qui voyant l'impossibilité de conduire le département de la guerre, avait fait le malade, et s'était dit hors d'état de continuer à occuper cette place ; en conséquence, il s'était fait lui-même général de l'armée des Pyrénées. Cet homme était lieutenant-colonel au mois de mai. Sa santé, qui ne lui permettait pas le travail du cabinet, allait se trouver assez robuste pour supporter les fatigues d'un général d'armée. Et c'est pour réformer les abus des places mal distribuées qu'on a fait la révolution. Pache avait été secrétaire du maréchal de Castries, et chargé de l'éducation de son fils. Cet homme était une des créatures du ministre Rolland, qui crut devenir le maître du département de la guerre, en le faisant nommer à ce ministère. On verra, par la suite, ce qui en est résulté pour le ministre Rolland. Pache s'associa, ou on lui associa un académicien, homme de beaucoup d'esprit, mais une des âmes les plus noires qui existe en France, nommé Meusnier; un autre académicien, nommé Vandermonde; un Jacobin ridicule par sa rusticité, autant que dangereux par sa coquinerie, nommé Hassenfratz, sobriquet qu'il s'était donné pour déguiser le nom de le Lièvre, sous lequel il avait été ignominieusement connu; et un nommé Audouin, vicaire de Saint Eustache, qui a épousé la fille de Pache. On chassa tout ce qui restait encore des anciens bureaux de la guerre, qu'on remplit, non-seulement de Jacobins, mais encore de ceux qui s'étaient distingués dans les massacres des six premiers jours de septembre. Ce nouveau ministère attaqua toutes les parties de l'administration, et les détruisit toutes au moment de la guerre la plus vive. L'administration des vivres, celle des hôpitaux, de l'habillement et de l'armement furent cassées. Les anciens commissaires-ordonnateurs furent chassés ou accusés, traînés à la barre, dans les prisons, flétris et point jugés. Comme les mesures les plus violentes, qui, dans l'intention, n'étaient dirigées que contre l'armée du général Dumouriez, étaient générales, toutes les armées s'en ressentirent également, tous les généraux crièrent à la-fois ; on envoya des commissaires tirés du sein de la Convention, pour vérifier leurs plaintes, ils rendirent des comptes effrayans, mais le comité militaire qui, en tout autre tems, n'aurait servi par son ignorance, qu'à entraver les opérations du ministre, s'il eût été bon, servit alors à le justifier sur les états justificatifs faux qu'il présentait, en opposition des plaintes des généraux et des commissaires. On s'en rapporta au ministre, qui en fut quitte pour être mandé à la barre, et injurié de tems en tems, et on passa à l'ordre du jour.

Voici le tableau de l'armée de la Belgique, dans le mois de décembre, tel que l'ont vu eux-mêmes, au camp de Liége, les commissaires de la Convention, Camus, Gossuin, Danton et Lacroix, et dont ils ont rendu compte, mais sans rien faire pour y remédier. Cette armée était composée de 48 bataillons, dont le plus fort était de 350 à 400 hommes, et beaucoup, environ à 200, ce qui faisait 14 à 15 mille hommes d'infanterie ; la cavalerie montait à environ 3200 hommes ; les soldats étaient sans souliers ; la plupart campés dans la boue, avaient leurs pieds entortillés dans du foin. Le reste de l'habillement était dans le même état. On avait distribué des capotes, ou redingotes, mais ceux auxquels on les avait données, étaient désertés pour s'en retourner chez eux, au nombre de plus de 1500 ; à-peu-près pareil nombre remplissait des hôpitaux, où tout manquait. Tel était l'état de l'armée victorieuse de Gemmappe, après la conquête de la Belgique.

Cette armée avait été arrêtée sur les bords de la Meuse, faute de subsistances ; et si le général Clairfait avait connu sa détresse, il aurait pu l'attaquer avec avantage, car l'équipage d'artillerie était presque détruit, et dans ce même mois de décembre, il était mort 6000 chevaux d'artillerie à Tongres et à Liége, manquant de fourrages. Il n'y avait pas dix mille fusils en état de servir. La cavalerie était sans bottes, sans selles, sans manteaux, sans carabines, sans pistolets, sans sabres. L'argent manquait absolument, et souvent l'état-major se cottisait pour fournir la solde d'un jour.

Il eût été très-aisé de se procurer tous les moyens d'armement et de subsistances qui manquaient à l'armée; le général Dumouriez pouvait tirer tout des Pays-Bas, du Pays de Liége et de la Hollande; il en avait indiqué les moyens, il en avait fait les marchés; mais on avait tout rejetté, on avait tout rompu. Le commissaire ordonnateur, Ronsin, avait ordre de barrer tout, de nuire à tout; il ne s'en cachait pas; il bravait le général, sûr de l'appui ouvert du comité militaire, du fameux Cambon, du ministre de la guerre et de ses suppôts, et de la protection cachée des commissaires qui, aux yeux de l'armée, paraissaient blâmer ce désordre, mais qui n'y remédiaient pas, et qui, dans le compte qu'ils rendirent au mois de janvier, excusaient Ronsin, qu'ils avouaient cependant être un homme incapable. On avait établi à Paris une entreprise générale de toutes les fournitures ; on faisait venir des draps de Verviers dans le Pays de Liége, pour faire les habits à Paris. On achetait à Liége et à Dinant, et tout le long du cours de la Meuse, les cuirs pour les souliers; les entrepreneurs les envoyaient de Paris au prix de 9 livres, pendant qu'ils coûtaient 4 liv. ou 4 liv. 10 sous à Liége. Les capotes qu'on fabriquait à Anvers pour 19 ou 21 livres, coûtaient à Paris 50 livres, et on les envoyait de Paris à l'armée. Les bleds des Pays-Bas allaient à Nantes, revenaient de Nantes à Paris ; on les faisait moudre à Montmartre, et on les renvoyait dans les Pays-Bas.

Le plus grand mal que causait ce désordre, était l'influence sur le moral de cette armée. On a vu précédemment comment elle était composée, et combien le général Dumouriez avait eu de peine à en tirer parti. On pouvait dire même, qu'il avait fait plus que le possible, et qu'en battant les Prussiens et les Autrichiens, il avait remporté une victoire encore bien plus longue et plus difficile sur sa nation désorganisée, en réussissant à introduire une espèce de discipline et d'amour de l'ordre, dans une armée composée d'un quart de troupes de ligne déjà désorganisées, et des trois quarts de bataillons de volontaires inégaux, apportant chacun un esprit différent, fiers de leurs victoires, et plus susceptibles, par l'esprit d'égalité, du mal que du bien. Dès le commencement de la campagne de 1792, ces bataillons manquaient d'officiers; les supérieurs étaient mal choisis et sans autorité; les soldats eux-mêmes faisaient la police des capitaines, lieutenans et sous-officiers, et cette police était sujette au caprice d'une troupe, qui ne voulait point reconnaître de supérieurs. Un seul Jacobin perdait un bataillon par ses motions incendiaires; ce n'était que par des complaisances coupables, qu'un officier conservait son grade, ou en acquérait un nouveau.

La ville de Liége était le tombeau des Français, qui y mouraient de faim et de misère; mais cette ville, où l'armée ne ressentait que la privation de tous les besoins, était plus dangereuse pour elle que Capoue et ses délices pour les Carthaginois. Les Liégeois avaient porté à l'excès l'esprit de la révolution, parce que leurs maux avaient été excessifs, lorsqu'ils avaient été trahis et subjugués par les Prussiens. Ils avaient ôté leur confiance à leurs Chefs, qui avaient voulu fonder leur liberté sur des principes sages. Fabry, Chestrel, (1) hommes très-honnêtes, et qui ne voulaient que le bien de leur patrie, avaient perdu tout leur crédit. La populace d'Outre-Meuse, peut-être la plus dangereuse de l'Europe, après celle de Londres et de Paris, s'était emparée, non pas du gouvernement, car il n'y en avait plus, mais de la force. Ces malheureux ne pensaient qu'à se venger et à punir ; ils menaient les soldats français chez leurs ennemis particuliers, et on les traitait en aristocrates, c'est-à-dire qu'on les pillait et massacrait. Cette guerre intestine, dans laquelle chaque soldat français prenait parti pour ou contre son hôte, achevait de ruiner le peu de discipline et de subordination qui régnait encore au milieu de la misère, de la famine et du désordre ; il était impossible de punir, car on ne pouvait pas discer-

___

(1) L'Éditeur avoue, à regret, qu'il ne peut répondre de l'exactitude de l'orthographe, de quelques noms propres qui n'ont pu être déchiffrés dans le manuscrit.

ner les coupables. Les Liégeois rejettaient les crimes sur les Français, les Français sur les Liégeois. Ce général avait voulu établir la peine de mort; son armée elle-même l'avait demandée dans un moment d'enthousiasme, mais les commissaires, tout en ayant l'air d'approuver cette sévérité, s'y étaient opposés. Depuis lors on a vu qu'une des causes du supplice de Custines, est d'avoir établi la peine de mort.

Cette armée occupait des quartiers depuis Aix-la-Chapelle jusqu'à Liége, où se rendaient tous les officiers qu'on ne pouvait pas retenir à leurs bataillons. Ils se tenaient tous dans l'une de ces deux villes, et les soldats étaient dans leurs quartiers sans commandans. Le besoin avait porté la maraude à son comble. Ces soldats allaient par bandes piller les villages, et les paysans se vengeaient, en massacrant ceux qu'ils trouvaient écartés.

Le général Dumouriez n'ayant pas pu, pour tous ces motifs, pousser jusqu'à Cologne, et forcer Clairfait à repasser le Rhin, avait au moins voulu conserver la Meuse, et pour cela il avait réuni à son armée la prétendue armée des Ardennes, commandée par le général Valence, forte de 15000 hommes, qu'il avait placée dans le pays de Stavelo, Malmédy, Spa, Verviers, Huy, joignant son armée par sa droite. Le corps de dix mille hommes, aux ordres du général d'Harville, tenait la Meuse depuis Givet jusqu'à Namur, avec des postes en avant à Ciney, Marche et Rochefort. L'armée, dite du Nord, aux ordres du général Miranda, tenait la gauche depuis Tongres jusqu'à Ruremonde ; elle était de 18000 hommes. De nouveaux bataillons venus de France, formaient les garnisons des Pays-Bas ; ainsi cette ligne sur la Meuse donnait de 65 à 70000 hommes, qui auraient suffi pour s'emparer du pays entre la Meuse et le Rhin, et occuper les bords de ce fleuve, depuis Burick jusqu'à Cologne, s'il avait été possible, 1°. de prendre Maëstricht, ce qu'on n'avait pas permis au général Dumouriez, qui voulait et pouvait s'en emparer dans les premiers jours de décembre; 2°. de mettre garnison dans Juliers, ce qu'on n'avait pas permis, parce qu'il avait fallu ménager l'électeur Palatin dans cette partie, de peur qu'il ne livrât aux Impériaux le passage de Manheim, par où ils auraient coupé l'armée de Custines d'avec l'Alsace ; 3°. si l'armée de la Belgique avait eu des vivres, des armes, des habits et de l'argent, pour pouvoir marcher au mois de décembre, et forcer les Impériaux à passer le Rhin.

Le général Dumouriez sentait combien la position de la Meuse était intenable, n'occupant ni Gueldres, ni Venloo, ni Maëstricht, ni Juliers. Il l'avait mandé au ministre et à la Convention ; on peut retrouver son avis dans sa correspondance avec le ministre Pache, imprimée en janvier 1793. C'est à l'époque de la fin de novembre que commence sa querelle avec ce ministre, avec les Jacobins qui le soutenaient, et avec la Convention nationale. C'est en décembre qu'a commencé le procès de Louis XVI. Dès-lors le général prévit tous les crimes et les malheurs qui résulteraient de ce chaos; il chercha à sonder son armée, mais l'état-major qu'il y employait, perdit ses peines, et c'est dès-lors qu'il fut enveloppé dans la proscription. Pas un soldat, pas un officier, ne voulut réfléchir sur le sort du roi ; tous montrèrent une égale apathie, et cette disposition insouciante des esprits de l'armée acheva de déterminer le général à se rendre à Paris.

CHAPITRE

CHAPITRE III.

Le Général Dumouriez part de Liége.

LE général Dumouriez était ainsi accablé de chagrins dans le palais de l'évêque de Liége, et si c'est une consolation pour les maux que ce prélat a soufferts, il lira avec plaisir, qu'après la plus glorieuse campagne, ce général était plus malheureux que lui. Il avait été vexé par les calomnies des Jacobins, après avoir sauvé la France, en chassant de la Champagne une armée formidable. La conquête de la Belgique avait encore *grossi la colonne de ses ennemis*, comme il le mandait lui-même à la Convention Nationale, après la bataille de Gemmappe. Il se reprochait presque de n'avoir pas profité de l'occasion que lui avait offerte l'ingratitude de ses concitoyens, pour quitter le commandement de l'armée, après son retour de la Champagne. Il voyait manquer le succès d'une guerre, que lui-même avait fait déclarer, comme ministre des affaires étrangères, et qu'il avait conduite glorieusement comme général ; il n'avait à cet égard aucun reproche à se faire, mais il ne pouvait qu'être pénétré de douleur, parce que la part importante qu'il avait eu depuis neuf mois dans les affaires générales, l'avait identifié au sort de sa patrie.

Toutes ses lettres étaient, ou rejettées, ou mal interprétées ; ses conseils étaient mal reçus. Cambon assurait que rien n'était plus dangereux pour une république qu'un général victorieux. On posait pour axiome dans la tribune de la Convention Nationale, que l'ingratitude était une vertu nécessaire à des républicains. En conséquence, la Convention n'avait donné aucunes récompenses aux vainqueurs de la Champagne et de la Belgique, parce que le général les avait demandées. On avait autorisé le ministre de la guerre, par un décret, à casser toutes les nominations d'officiers faites par les généraux. Les corps restaient sans officiers ; on voyait arriver de France des hommes incapables, qui venaient cueillir le fruit de leurs travaux et de leur gloire. Le général s'était plaint sur tous ces articles à la Convention Nationale ; il avait même pressenti que si on ne faisait pas droit sur ses plaintes, tant sur les besoins, que sur les injustices qui détruisaient et désorganisaient son armée, il se verrait forcé de donner sa démission. On appelait cela *mettre le marché à la main*, et on lui en savait mauvais gré.

Il demandait sur-tout la révocation du décret impolitique et injuste du 15 décembre, qui réduisait les Belges au désespoir. Ce décret, malgré toutes les représentations du général, devait commencer à avoir son exécution le premier janvier. Cambon l'avait fait porter; les quatre commissaires, Camus, Gossuin, Danton et Lacroix le soutenaient; ces deux derniers se vantaient d'en avoir donné le projet, pour se venger de ce qu'en passant à Ath, on leur avait refusé un logement. L'honneur du général était engagé à ne pas laisser mettre à exécution ce décret, parce qu'en entrant dans les Pays-Bas, le 3 novembre, il avait publié avec la sanction de la Convention nationale, une proclamation dans laquelle il annonçait aux Belges, que les Français entraient chez eux comme frères et comme amis, qu'ils leur apportaient une entière liberté, et qu'ils les laissaient les maîtres de se donner telle constitution et telle forme de gouver-

B 2

nement qu'ils voudraient, sans s'immiscer dans leurs affaires. Non-seulement le décret du 15 décembre détruisait cette proclamation, mais il ôtait aux malheureux Belges toute leur liberté. Les commissaires mettaient leurs biens publics et ceux du clergé en séquestre, et il ne restait à cette nation, ni deniers publics, ni pouvoirs constitués pour faire aller le gouvernement.

Cambon avait espéré retrouver la dépense de cette guerre dans cette spoliation d'un pays ami, qui s'était donné, et qu'on n'avait pas conquis. Cette criminelle et sordide avarice n'a produit à la France aucun bénéfice. l'a privée, au contraire, de quarante mille hommes et cinquante millions que les Belges voulaient nous donner, pour les aider à défendre leur liberté, et a fini par nous faire perdre ces belles provinces. Par un article de ce décret, les généraux étaient chargés de son exécution, et c'était à eux à faire mettre les scellés. Le général Dumouriez avait refusé cet emploi déshonorant, et sur son refus, les commissaires en avaient chargé le commissaire-ordonnateur Ronsin, qui faisait remplir les fonctions d'huissiers par des soldats et des commis, tous Jacobins, qui volaient la moitié du mobilier sur lequel ils mettaient le scellé.

Le général, ne pouvant pas empêcher ces odieuses manœuvres, cherchait au moins à ne pas en être témoin, pour que les Belges sussent bien qu'il n'y trempait point. Il avait expliqué sur tous ces articles ses intentions d'une manière si claire aux commissaires de la Convention, le général Valence avait appuyé ses argumens avec tant de force, que dans un comité, tenu à Liége entre ces commissaires, les généraux et les administrateurs des approvisionnemens de l'armée, après avoir prouvé à ces derniers qu'ils ne pouvaient pas lui livrer ce qui était nécessaire, non-seulement pour aller en avant, mais pour subsister même à Liége, il avait été décidé que Camus, le président de la commission, se rendrait à Paris, et que le général Thowenot, chef de l'état-major de l'armée, l'accompagnerait; le premier pour faire son rapport à la Convention nationale; le second pour détailler au comité militaire, les besoins de l'armée, et pour obtenir, tant les récompenses demandées, que des marchés solides pour pouvoir se procurer des magasins sur la Meuse, et sur-tout la révocation du décret du 15 décembre, qui nous donnait pour surcroît d'ennemis toute la nation Belge. Le général Thowenot portait aussi une discussion à deux colonnes, sur le plan de campagne que le ministre de la guerre s'était avisé de donner, et devait apporter une décision à cet égard. Ce voyage fut infructueux, malgré l'habileté du général Thowenot, parce que ce Camus, toujours pédant et faux, quoique grossier, voulut avoir tout l'honneur de l'ambassade, se chargea de la parole, soutint le décret, se laissa vaincre sur l'article du comité des achats, et revint, ainsi que Thowenot, n'ayant rien fait, et ayant, au contraire, gâté les affaires.

Jusqu'à leur retour, le général se tenait renfermé dans le palais à Liége, occupé à gémir, et à demander un congé pour Paris. Il avait annoncé qu'il était impossible qu'il continuât à commander l'armée, si on ne cassait pas le comité des achats, qui n'était qu'un tripot d'accapareurs, qui avait fait annuller tous les marchés passés avec des Belges, pour les livraisons de toute espèce; si on ne changeait pas le ministre de la guerre, qui avait ruiné les armées; et si on continuait à tyranniser, comme pays de conquête, les provinces alliées, où entreraient les armées de la république.

Tels étaient les motifs ostensibles sur lesquels était formée sa demande de congé. Il en avait un bien plus essentiel, mais qu'il avait grand soin de cacher ; c'était de tâcher de sauver Louis XVI, en présentant les dangers extérieurs et la nécessité de faire un plan solide pour la campagne, qui devait s'ouvrir de très-bonne heure ; il espérait que la gravité de cette considération, aidée des mouvemens qu'il comptait se donner auprès des diverses factions de la Convention nationale, pourrait l'engager à suspendre ce procès.

Telle était la triste situation du général Dumouriez à Liége; tels étaient les objets qui agitaient son ame : pendant ce tems-là, les Jacobins voulaient lui faire son procès, et prétendaient qu'il passait son tems au milieu des courtisannes et des comédiennes. Les ministres lui avaient envoyé, à la vérité, un détachement de virtuoses de l'opéra, qui ne passèrent à Liége que vingt-quatre heures, et s'en retournèrent à Paris. Ce voyage, et celui d'une troupe de comédiens de la Montansier, a coûté plus de cent mille livres au gouvernement, qui prétendait inculquer aux Belges l'esprit de la révolution française, en faisant jouer sur leurs théâtres des pièces révolutionnaires. Le général ne protégeait pas non plus cette sottise, et n'a vu, qu'un jour à dîner chez lui, ces virtuoses de l'opéra, lesquels, au reste, se sont conduits avec beaucoup de décence et de raison, et ont été beaucoup plus sages que les ministres qui les avaient envoyés. Le congé que demandait le général, était très-difficile à obtenir. Pache et les Jacobins craignaient sa présence à Paris. Il fut obligé, après avoir allégué sa santé, et le besoin qu'il avait de repos, d'engager les commissaires à demander eux-mêmes ce congé, en annonçant très-sérieusement, qu'en cas de refus, il enverrait sa démission.

Au travers de la désorganisation de l'armée, il restait encore dans le soldat un fond de justice, qui lui donnait de l'attachement pour le général, sous lequel elle avait toujours été victorieuse, et auquel elle ne pouvait pas attribuer sa détresse actuelle. Les commissaires mandèrent, sans détour, que si on refusait le congé au général, il donnerait sa démission, et que, dans ce cas, l'armée se débanderait. Le congé arriva, et le général se pressa de partir, quoique Lacroix, pour l'amuser, lui proposât de faire une tournée à Aix-la-Chapelle. Mais dès-lors Dumouriez avait résolu de ne pas revenir commander l'armée, et ne voulait pas, en visitant les quartiers, prendre un engagement tacite vis-à-vis de ses soldats.

Il arriva à Bruxelles, dont il avait donné le commandement au général Moreton. Cet homme, mort très-à-propos à Douay, a joué un rôle dans la révolution sur le pavé de Paris. C'était un aristocrate *encroûté*, à prendre cette dénomination dans l'acception la plus odieuse. Il avait été cassé, sous l'ancien régime, étant colonel du régiment de la Fère, pour des actes du despotisme militaire le plus atroce. Le dépit l'avait jetté dans la révolution, et il en avait été un des premiers acteurs, par son crédit dans les tripots du palais royal. Il avait voulu faire reviser son procès, tant secrétaire des Jacobins, mais [f]aute de juges, le procès était resté à. Il avait été nommé maréchal de [c]amp, employé à l'armée du Nord. [C]omme il avait la connaissance des [d]étails de l'infanterie, et de l'esprit, le général Dumouriez l'avait fait chef de l'état-major de l'armée du Nord; mais après le départ de ce général pour aller commander en Champagne, Moreton, qui n'y voyait goutte, quoique très-brave, s'était mal conduit à la levée du camp de Maulde, et avait pensé être lapidé par le peuple de Valenciennes. Le retour du général Dumouriez à l'armée du Nord, devenue l'armée de la Belgique, avait rétabli Moreton chef de l'état-major. Mais comme Thowenot avait pour cette place toutes les qualités qui manquaient à Moreton, Dumouriez l'avait fait lieutenant-général par ancienneté, car six mois donnaient l'ancienneté dans cette armée révolutionnaire, et il l'avait placé commandant à Bruxelles et en Brabant, pour faire le général Thowenot chef de l'état-major. Moreton alors avait jetté le masque, et gagné par les Jacobins, auxquels il avait déjà tant d'obligations, il avait fait tout ce qui était opposé aux sentimens et aux opinions de son général. Il avait adopté le décret du 15 décembre, et il était devenu odieux aux Brabançons. Le général Dumouriez le trouva entouré de toute la tourbe Jacobine, ayant créé un corps de scélérats, sous le nom de Sans-Culottes, qui vinrent haranguer le général en le tutoyant, ce qu'il s'avisa de trouver mauvais, ainsi que la dénomination de citoyen tout court. Il leur dit assez durement, qu'étant la plupart militaires Français, ils ne devaient pas se permettre le tutoyement, qui exprimait une égalité qui ne pouvait pas exister sous les armes, qu'ils devaient l'appeler général, ou citoyen général, mais non pas simplement citoyen, qui était une expression trop vague. Il leur demanda leurs statuts, et leur dit qu'à son retour de Paris, il verrait ce qu'il aurait à décider à leur égard; car cette canaille voulait être soldée, et elle l'a été effectivement à l'insçu du général Dumouriez, mais de l'aveu des commissaires, pour récompense des services ou plutôt des vexations atroces, dont ces satellites ont été les agens.

Le général Dumouriez avait envoyé de Liége une proclamation, pour engager les Belges à tenir bien vîte leurs assemblées primaires, et à former sur-le-champ une assemblée constituante; parce que, d'après un article du décret du 15, il était dit, que le séquestre cesserait, dès que la nation Belgique aurait une représentation. Les commissaires avaient bien senti que cette nomination des assemblées primaires, en réintégrant les Belges dans leur liberté, ferait lever tous les séquestres, et les priverait du maniement des deniers, et sur-tout de la spoliation des églises. Ils avaient retardé l'impression de la proclamation du général, et ensuite ils s'opposèrent à son exécution, et empêchèrent la tenue des assemblées primaires et de la Convention Nationale Belgique, que le général avait indiquée à Alost, pour éviter l'influence de Bruxelles; comme Louis XVI aurait évité l'influence de Paris, s'il avait indiqué la tenue des états-généraux à Tours, Orléans, Blois, ou Bourges, au-lieu de Versailles, qui était trop près de la capitale. Le général voyant que le seul moyen de sauver la Belgique de la tyrannie, avait échoué, continua sans s'arrêter, son voyage jusqu'à Paris.

CHAPITRE IV.

Son séjour à Paris.

Arrivé dans la capitale le premier Janvier, le général réfléchit, que lors de son passage à Paris, après l'expulsion des Prussiens de la Champagne, Marat et les autres folliculaires Jacobins, lui avaient fait un crime de s'être montré aux spectacles, et d'avoir eu l'air de chercher du crédit et du pouvoir en allant à l'Assemblée. Il se détermina donc à garder le plus grand *incognito* possible, à se priver des spectacles, des promenades publiques, et de tous les lieux où on aurait pu faire foule autour de lui; et à ne voir qu'un très-petit nombre d'amis, et les personnes auxquelles il pouvait avoir affaire pour réussir dans les différens objets de son voyage.

Il passa cinq jours sans sortir de son appartement, occupé à composer quatre Mémoires; le premier, sur la nécessité d'annuller le décret du 15 décembre, qui venait encore d'être confirmé et augmenté par deux nouveaux décrets du 28 et du 31; le second, sur les inconvéniens du comité des achats, et sur la nécessité de remettre toutes les fournitures de vivres, fourages, remontes, habillemens, hôpitaux, etc. sur l'ancien pied, et entre les mains de fournisseurs intelligens; le troisième et le quatrième, sur la partie militaire et le plan de campagne à adopter. Il concluait chacun de ces Mémoires par sa démission, si la Convention Nationale ne prenait pas un parti décisif. Il les accompagna d'une lettre au président, par laquelle il le priait d'engager l'Assemblée à former un nouveau comité pour traiter avec les généraux, tant sur les besoins de leurs armées que sur les opérations militaires. Le 7, il envoya ces cinq pièces au président, qui était un ancien avocat nommé Treillard, lequel a été aussi-tôt après sa présidence adjoint avec Merlin de Douay, autre avocat, aux quatre commissaires de la Belgique. Ce président ayant retardé d'en faire part à la Convention, le général lui écrivit une lettre très-courte et très pressante.

Enfin le 11, on rendit compte sommairement de cet envoi, la lettre fut lue, et les Mémoires furent supprimés, et renvoyés à la discussion d'un comité de vingt-un membres, qui fut établi sous le nom de comité de défense générale ; on choisit pour ce comité les membres les plus forts des comités déjà établis. Il ouvrit sa première séance le 13, et le général fut invité de s'y trouver. On lut les quatre Mémoires, sur lesquels on entama des disputes très-frivoles et très-ignorantes. Tous parlaient à-la-fois, et on se sépara après une séance de trois heures, sans avoir rien éclairci ; le résultat fut qu'on demanda au général un nouveau Mémoire plus détaillé. Quant au plan de campagne, tous les membres furent d'accord de ne pas traiter cette matière, disant qu'elle n'était pas de leur ressort, mais de celui du pouvoir exécutif, ou du conseil. Le général apporta un Mémoire détaillé à la seconde séance, qui fut tenue le 15 au soir. A peine à cette séance se trouva-t-il la moitié des membres, qui y vinrent les uns après les autres ; on parcourut légèrement le Mémoire qui était très-détaillé, et il n'en fut plus question.

Le général Valence, qui avait aussi

demandé un congé, et dont le général Dumouriez avait sollicité le retour, étant arrivé dans l'intervale, fut admis à cette séance, et y lut un Mémoire sur le recrutement et la nouvelle composition de l'armée, dont il voulait en brigades toute l'infanterie, en attachant deux bataillons nationaux à chaque bataillon de troupes de ligne. Cette nouveauté qu'on n'aurait dû traiter qu'après la paix, ou au moins après la campagne qui allait s'ouvrir, attira toute l'attention du comité, dont la légèreté et la curiosité égalaient l'ignorance et la nonchalance. et on cessa tout-à-fait de s'occuper des objets importans présentés par le général Dumouriez.

Le général Biron, qui quittait le commandement de l'armée d'Alsace, pour aller se mettre à la tête de celle du comté de Nice, assista à une troisième séance, et y lut un Mémoire très-fort contre les fournisseurs nouveaux, et le comité des achats. Le ministre de la guerre, qui y fut appelé, ne pouvant rien répondre aux imputations des trois généraux, fut très-mal traité par le comité, qui était enchanté de trouver l'occasion d'avilir un ministre. L'occasion était telle, car pour toute défense il présentait des états de situation qu'on taxait de faux. Tout ce procès fut renvoyé au comité militaire, le plus mal composé de tous ceux de la Convention. Le général se présenta à une quatrième séance, il ne s'y trouva que cinq membres, on n'y traita de rien; en se séparant, il leur dit: que quand on le jugerait à propos on le rappellerait; et dès lors il se retira à une petite maison de campagne, à Clichy, d'où il venait dans le jour à Paris, pour travailler à sauver le roi. Depuis lors, il n'a plus été appelé, et n'a plus entendu parler du comité de défense générale. Toutes les affaires les plus importantes ont été suspendues pendant ce tems, le seul qui restait pour sauver la France. La Convention toute entière n'était occupée que du procès du roi, qui se suivait avec la plus grande activité.

C'était du sort de ces Mémoires que le général Dumouriez attendait le salut ou la ruine de sa patrie. S'ils avaient été adoptés, il comptait se présenter à la Convention, paraître en public, et solliciter hautement pour Louis XVI. parce qu'il aurait pu se promettre une grande influence, et qu'en y joignant d'autres moyens, et s'environnant de quantité d'officiers et de soldats de son armée, qui étaient venus avec congé passer l'hiver à Paris, il aurait eu un parti assez fort pour balancer les Jacobins et les Fédérés qui les soutenaient. Cette ressource était perdue, et bien loin de pouvoir sauver le roi, le général Dumouriez, sans crédit, sans considération, et regardé comme un homme dont on devait se méfier, parce qu'il désapprouvait les crimes, aurait nui à Louis XVI, et n'aurait pu que précipiter la catastrophe, qui dès-lors était inévitable, et qui lui a causé bien des chagrins.

Un scélérat, imbécile, ignorant, et son ennemi personnel, le général La Bourdonnaye, pour se venger de ce qu'il avait perdu l'année précédente le commandement de l'armée du Nord, sur les plaintes du général Dumouriez, publiait dans tout Paris, que ce général n'était venu que pour sauver *le plus honnête homme du royaume*, titre qu'effectivement Dumouriez avait donné au roi, dans une lettre qu'il lui avait écrite en 1791, et qui avait été imprimée avec les autres pièces prises dans la boite de fer, que Rolland avait livrée à la Convention. Les Jacobins en disaient autant, sur-tout Marat et sa trop active faction. On présentait que le général avait toutes les nuits des rendez-vous avec Rolland et les Girondistes. Ces derniers, fâchés de ce qu'il ne voulait pas plus les voir particulièrement que les Jacobins, répandaient le bruit qu'il voyait secrètement *Philippe Egalité*, bien indigne de porter le nom de duc d'Orléans.

Dumouriez venait alors dans le jour à Paris, allait au Conseil, et s'en retournait tous les soirs à Clichy. Il ne mangeait nulle part que chez les deux ministres Lebrun et Garat. Il avait même affecté de ne pas mettre le pied chez Monge, ministre de la marine, Rolland, ministre de l'intérieur, et Clavière, ministre des finances, encore moins chez Pache, ministre de la guerre. L'hôtel de la guerre était devenu une caverne indécente, où quatre cents commis, parmi lesquels plusieurs femmes affectant la toilette la plus sale, et le civisme le plus impudent, n'expédiaient rien, et volaient sur toutes les parties. Une vingtaine de ces coupe-jarets, ayant à leur tête Hassenfratz et Meusnier, travaillaient jour et nuit à recueillir de fausses dépositions, et à forger des pièces pour prouver l'accusation qu'Hassenfratz avait produite aux Jacobins contre le général, le taxant d'avoir volé douze cents mille livres sur les marchés de la Belgique. On avait excité les Fédérés contre lui : souvent en passant auprès de leurs grouppes, il les avait entendus faire très-haut la motion de porter sa tête au bout d'une pique. Un jour même ayant rencontré un de ces grouppes d'une vingtaine de Fédérés, dans la rue Montmartre, il se trouva trop heureux de pouvoir enfiler une petite rue, nommée le passage du Saumon ; ayant été averti par une marchande qui le reconnut, l'ayant vu demeurer pendant deux ans dans cette même rue Montmartre. Dans les assemblées des sections, dans tous les cafés, on payait des aboyeurs qui déclamaient contre lui. Plusieurs fois on avait fait le projet d'aller l'enlever.

L'affreux Santerre, commandant à Paris, montrait toujours un grand attachement au général, et l'avait invité plusieurs fois à dîner chez son beaufrère. Son projet était de le faire dîner avec Marat; le général avait toujours refusé, mais avec les prétextes les plus honnêtes, étant obligé de ménager ce terrible commandant, pour éviter d'être assassiné. Une circonstance rendait encore la position du général plus critique, sans qu'il y eût aucune part. Le colonel Westermann avait donné, sur le Pont-Neuf, des coups de bâton à Marat, pour se venger de ce que dans ses feuilles, il l'avait accusé d'être l'ame damnée du général, et le principal agent de ses vols. Marat voulait faire retomber sa vengeance sur le général, qui était tous les jours averti par des hommes fidèles et par des billets anonymes, et qui, pour la première fois de sa vie, avait pris la précaution de ne jamais marcher sans pistolets. Dubois de Crancé, le plus lâche et le plus barbare des Jacobins, s'étant trouvé un jour à dîner avec le général, avait voulu l'insulter, imaginant que sa grande taille et son air féroce lui en imposeraient. Celui-ci le prenant par le milieu du corps, lui avait très-énergiquement imposé silence. Dubois de Crancé, pour se venger, disait tous les jours dans la Convention, que le général Dumouriez en méprisait tous les membres, les regardant comme quatre cents imbécilles, conduits par trois cents scélérats. Ainsi l'orage le plus violent se préparait contre lui, et on n'attendait que sa démission pour l'arrêter et lui faire son procès. Il était même proscrit d'avance.

CHAPITRE V.

Procès du roi.

C'est dans ces circonstances que le procès du roi se suivait avec acharnement.

La faction de la Gironde voulait-elle, ou ne voulait-elle pas sauver le roi ? Ce problême est difficile à résoudre, et il est probable qu'on n'en peut venir à bout qu'en distinguant deux époques très-différentes, et par conséquent, deux volontés contraires dans ces politiques ambitieux. Il est certain que cette faction qui avait dominé très-long tems l'Assemblée, qui s'était rendue maîtresse du ministère, aspirait ouvertement à la république avant la décadence de son crédit. Elle avait détruit les *Feuillans*, *Modérés et Royalistes*. Elle avait accaparé presque tous les Journaux. Celui de Paris, la Chronique, le Moniteur, le Patriote, les feuilles de Gorsas et de Carra, le Thermomètre, tous ceux, en un mot, qui avaient beaucoup de publicité ou d'influence, étaient composés, rédigés et corrigés par des membres de cette faction. Les meilleurs orateurs de la Convention, Guadet, Vergniaux, Lasource, Brissot, Gensonné, Condorcet, faisaient passer ses opinions. Elle s'était emparée des principaux comités. Sieyes et Condorcet étaient à la tête de celui de Constitution; Brissot, Gensonné, gouvernaient le comité diplomatique, joint à celui de défense générale; celui des finances était entièrement dans les mains de Cambon, qu'elle croyait avoir à elle. Ils avaient longtems gouverné Paris pendant la mairie de Péthion.

Les Girondistes peuvent passer pour les Jésuites de la révolution. Ils ont suivi le même système politique, ils ont eu d'abord la même puissance; aveuglés ensuite pareillement par l'orgueil, ils ont fait les mêmes fautes, et ils ont eu le même sort. Pendant leur règne ils n'avaient pas managé la famille royale. Péthion, voyageant avec le roi et la reine, dans la même voiture, au retour de

Varennes, leur disait toute la journée qu'il ne desirait que la République; c'est la reine qui l'a dit au général Dumouriez, et Péthion, à qui il l'a ensuite demandé, en est convenu. Mais dès le mois de novembre 1792, les circonstances avaient bien changé. Le *roi Péthion*, c'est ainsi qu'on le nommait à Paris, avait perdu sa popularité, par le féroce ascendant des Jacobins et des Marseillais, qu'ils avaient gagnés par des orgies patriotiques. Un homme nul, quoiqu'honnête, nommé Chambon, avait remplacé Péthion dans la mairie; il était méprisé et sans pouvoir; les Jacobins étaient les tyrans des sections, et la commune de Paris formait une autorité indépendante de la Convention, et qui souvent lui était supérieure.

Barbaroux, député de Marseille, l'un des Girondistes, comptant sur le crédit qu'il avait dans sa patrie, avait proposé de faire venir de nouveaux Marseillais, et la faction avait employé le ministre de l'intérieur, Rolland, à inviter les départemens à envoyer des fédérés pour les opposer aux prétendus Marseillais, qui tyrannisaient Paris et la Convention. Cette mesure irrégulière était successivement

vement imprudente. Elle ne pouvait tourner qu'à produire une guerre civile dans Paris, à moins que ces nouveaux venus, gagnés comme les premiers par les Jacobins, ne fortifiassent encore ce parti contre la Gironde, et c'est ce qui arriva.

L'intrigue des Girondistes fut vivement démasquée par Danton, Lacroix, Robespierre et Marat. Les impartiaux de la Convention eux-mêmes ne virent plus qu'une ambition dangereuse dans cette faction. C'est alors qu'elle eut dû déployer un grand courage, défendre l'innocence du roi, s'opposer à sa mort; et si elle eût succombé, ç'eut au moins été avec gloire. Mais il est très-probable qu'au contraire elle eût réussi, si les départemens se fussent joints à elle pour sauver la patrie et le roi, et qu'elle fût parvenue à écraser les Jacobins. Elle se conduisit faiblement, se contentant de faire une espèce d'appel au peuple, en proposant de faire décider le sort de Louis XVI par les assemblées primaires. Cette seconde mesure parut encore un signal de guerre civile.

Les Girondistes furent accablés, effrayés, et ils ne furent pas sauvés par la lâcheté qu'ils montrèrent, en donnant tous leurs voix contre l'infortunée victime de ces monstres et de ces faux politiques. Péthion eut la basse cruauté, dans un moment où la pitié balançait encore sur le sort du roi, de rappeller la violence qu'on lui avait faite au château le 9 et 10 août, et après avoir aggravé son sort par cette indigne dénonciation, il donna sa voix pour le faire mourir. L'avis de Condorcet équivaut à une sentence de mort; ce métaphysicien, plein d'esprit et sans ame, a joué le rôle le plus atroce pendant toute la révolution. Brissot, Guadet, Gensonné, Vergniaux, s'empressèrent de donner leurs voix contre leur conscience.

Le procès ne contenait aucune charge assez grave pour autoriser la condamnation. La catastrophe du 10 août n'était pas un crime de Louis XVI. Carra avait eu l'impudeur d'imprimer, et de dire à la Convention, que cet événement avait été préparé par un comité de cinq personnes, c'ont étaient Péthion et Robespierre, et lui Carra; lequel comité se tenait dans un cabaret du faubourg St.-Antoine; que le projet d'obliger le roi à s'armer et à combattre avait manqué deux fois, et avait encore été sur le point de manquer le 10 août. Ainsi il était clair, si on eût voulu ajouter cette pièce au procès, que la déposition de Carra eût justifié Louis, en fournissant la preuve de la nécessité de prendre les armes le 10 août pour sa propre défense. Mais ni la justice, ni le bon sens, ni la saine politique n'ont été consultés dans cet affreux procès.

La Providence avait marqué d'avance cette époque flétrissante et décisive pour la France. Tout se réunissait contre la malheureuse et innocente victime. Les émigrés eux-mêmes devaient, par un attachement mal entendu, hasarder des démarches funestes. Bertrand, ex-ministre de la marine, réfugié en Angleterre, crut pouvoir sauver le roi, en envoyant à la Convention des pièces qui compromettaient les chefs de tous les partis, qui prouvaient que tous avaient négocié avec le roi, pour le tromper et lui soutirer de l'argent. Danton et Lacroix, sur-tout, étaient impliqués d'une manière si précise, qu'ils eussent été perdus, si Danton, maître de la *Montagne*, c'est-à-dire du parti Jacobin; et Lacroix, qui influençait la *Plaine*, c'est-à-dire, les impartiaux de l'Assemblée, n'eussent réuni tous leurs efforts pour ensevelir les pièces avec le malheureux roi. Ainsi la démarche du ministre Bertrand, au lieu de sauver Louis, a précipité sa mort. Tout s'est réuni pour le perdre. Le crime a été consommé; et le soir même de l'exécution tous les spectacles étaient pleins. O! malheureux Français, quand vous lirez ce chapitre, baigné des larmes de celui qui remet sous vos yeux le tableau du plus grand de vos crimes, vous frémirez sur vous-mêmes, et vous trouverez trop juste la terrible vengeance qui vous attend.

CHAPITRE VI.

Tentatives infructueuses du général Dumouriez.

Entre toutes les accusations injustes, ou mal-adroites que les émigrés ont avancé contre le général Dumouriez, celle qui a le plus frappé les ignorans, ou les hommes irréfléchis, c'est de n'avoir pas profité de l'ascendant que ses victoires lui donnaient sur son armée pour la mener à Paris, et délivrer […] 1°. Cet ascendant a toujours été […], et les derniers événemens prouvent qu'il ne pouvait pas y compter. 2°. Cette armée était à plus de cent lieues de Paris, manquant de tout, et ne pouvant pas quitter le pays de Liége sans s'exposer à perdre son artillerie, qu'elle ne pouvait plus traîner faute de chevaux, et sans abandonner ce pays aux Autrichiens qui l'avaient suivie. Cette démarche, qui eût été une trahison contre la gloire et les intérêts de la nation, aurait coûté la tête au général et à son état-major avant d'arriver en France. 3°. Cette armée était même hors d'état de marcher en avant jusqu'au Rhin, qui n'était éloigné que de vingt lieues, et à plus forte raison, n'en aurait pas pu faire plus de cent pour arriver à Paris.

Le général Dumouriez avait eu cependant le projet de ramener, non pas toute l'armée sur Paris, mais un détachement choisi de troupes de ligne. Mais l'exemple de Lafayette lui avait appris à regarder cette démarche comme une extrémité dangereuse; pour l'excuser, il lui fallait une forme légale qui ne lui ôtât pas la confiance de ses soldats. Il avait dit, écrit, et fait répéter aux chefs de la Gironde, et à ce Barrère, qui a tant fait de mal par sa versatilité, que si la Convention était vexée, elle n'avait qu'à faire quatre lignes de décret, qu'aussi-tôt il marcherait avec vingt mille hommes à son secours. Soit crainte, soit confiance dans leurs propres moyens et dans leurs intrigues, les membres qu'on regardait comme les meilleurs de l'Assemblée, n'ont pas voulu employer cette ressource; à la vérité leurs vues ultérieures ne pouvaient pas leur inspirer une confiance entière dans le général, qu'ils savaient très-attaché à la constitution et au rétablissement du bon ordre. Ne voyant point arriver ce décret, et d'après tous les motifs détaillés dans les chapitres précédens, il était parti seul pour Paris, mais il s'était fait précéder par plusieurs chefs de corps, et officiers ou soldats, tant des troupes de lignes que des gardes-nationales, même Parisiennes, qui lui avaient promis leurs bons offices pour le roi. Il est vrai aussi, qu'à l'époque de son départ, quoique le procès de Louis XVI fut entamé, on ne pouvait pas encore prévoir, sur-tout à cent lieues, qu'il aurait une issue aussi prompte et aussi funeste. Le général était bien persuadé que la criminelle férocité des Jacobins les porterait à presser, autant qu'ils pourraient, cette odieuse et sanglante catastrophe; mais il croyait que les Girondistes, non par vertu, mais par politique et pour leur propre intérêt, feraient durer cette affaire, qui pouvait se terminer par une vaine menace, et que ce retard lui donnerait le tems de prendre des mesures pour sauver le malheureux roi. Ce ne fut qu'à son arrivée à Paris qu'il connut le véritable état des choses, et qu'il vit combien il restait peu de ressources, comparativement à la grandeur du danger.

Il avait toujours été lié avec Gensonné, député de la Gironde, il lui avait pardonné les démarches qu'il avait faites contre lui l'année précédente, lorsqu'il avait quitté le ministère. Il lui avait connu jusqu'alors de l'esprit, un jugement sain et un cœur sensible, il avait renoué ses liaisons avec lui. Il lui déclara toutes ses craintes sur le sort du roi; toute l'horreur qu'il ressentait du crime dont on allait souiller la nation; il lui fit sentir que cet affreux triomphe des Jacobins achèverait d'écraser le parti des honnêtes gens, et de rendre incurable l'anarchie dont la France était

C 4

affectée; que celles de nations de l'Europe, qui avaient vu, avec indifférence, peut-être même avec plaisir, nos troubles intérieurs, notre guerre avec la maison d'Autriche et le roi de Prusse, et peut-être nos succès contre ces deux puissances, ne pourraient qu'être révoltées de la barbarie de l'assassinat de Louis XVI, et seraient engagées par honneur à se joindre aux ennemis de la France; que nous aurions tout l'Univers contre nous, et pas un allié. Ces réflexions avaient l'air de faire impression sur Gensonné, mais soit par la timidité ou la nonchalance de son caractère, il ne fit point de démarches, et il s'éloigna même depuis du général, qui eut peu d'occasion de le revoir.

Il vit plusieurs autres députés, tant de ce parti que des indépendans, auxquels il représenta que la république existant, Louis ne devait plus être regardé que comme un particulier; qu'il était indécent, impolitique et hors de saison, de perdre un tems précieux qu'on devait employer tout entier à se prémunir contre les dangers de la campagne prochaine, et à refaire les armées, et de le consommer à faire le procès d'un seul homme, qui n'avait rien d'aussi important pour la Nation ; qu'il convenait donc de suspendre ce procès inutile, et de le mettre après la guerre. Les plus raisonnables lui répondaient, que le parti était pris par les scélérats de la *Montagne*, et que si on n'achevait pas un procès, qu'ils convenaient tous qu'on avait eu tort de commencer, les Jacobins feraient une insurrection, attaqueraient le Temple, et en massacreraient tous les prisonniers. Alors, il leur disoit, qu'il ne les trouvait pas suffisamment autorisés par leurs commettans pour juger le roi; que puisqu'on en faisait une aussi grande affaire d'État, il lui semblait que pour n'avoir pas un jour des reproches à recevoir de la Nation, pour ne pas un jour devenir personnellement responsables de ce que cet acte pourrait avoir d'odieux par son irrégularité et sa violence, il leur convenait, pour leur propre sûreté, de demander un mandat *ad hoc*, chacun dans son département. Ils répondaient que la proposition imprudente de la faction de la Gironde, de l'appel au peuple, avait enlevé cette ressource, parce qu'on craignait que la convocation des assemblées primaires, indispensable pour cette mesure, ne fût le signal de la guerre civile.

Il se rabbattait alors à leur suggérer une opinion qui les frappait tous, mais dont aucun ne se servit, parce que la crainte des poignards leur fit perdre la tête, et qu'ils aimèrent mieux être bourreaux que victimes. Cette opinion etait, qu'après une longue guerre entre le roi et la nation, le sort de l'un et de l'autre avait été décidé par une bataille le 10 août; que le roi avait succombé, qu'il ne pouvait être regardé et traité que comme prisonnier de guerre, mais non comme coupable, puisque les deux partis avaient également eu recours aux armes; que la guerre extérieure existant dans toute sa force, on devait se trouver heureux d'avoir en ce prisonnier un ôtage précieux, qu'on devait conserver avec soin; qu'en dernière analyse, si on persistait à le croire coupable, il fallait former un tribunal pour recueillir les pièces, prendre les témoignages, confrontations, recollemens, que cela satisferait les ennemis les plus acharnés de la royauté, refroidirait le peuple, et donnerait le tems d'achever la constitution, qui était le grand but de leur mission ; et que lorsque les assemblées primaires seraient convoquées pour l'acceptation de la nouvelle Constitution, on leur présenterait le procès tout instruit, et on leur demanderait leur vœu sur la manière de juger Louis, et sur le sort qu'on devait lui faire.

Ayant répandu cette opinion, et même par écrit, le général vit Péthion, avec lequel il avait été lié jusqu'alors, et il lui représenta qu'il devait personnellement agir pour sauver Louis XVI, sans quoi on le taxerait d'un acharnement qui ne devait pas être dans son caractère. Péthion eut l'air pénétré de ses représentations ; il répondit que personnellement il *aimait* le roi, et qu'il y ferait ce qu'il pourrait.

Le général fit parler à Robespierre par un de ses amis, qui lui dit que c'était à lui à sauver Louis XVI, que par-là il s'immortaliserait ; que s'il prenait ce parti, les généraux et les armées le regarderaient comme un grand homme, que la dictature serait le prix de cette magnanimité ; que sinon, il tomberait dans la même exécration que Marat, et serait toujours confondu avec lui, ce qu'il avouait lui déplaire beaucoup.

Le général fit dire sous main aux Jacobins, qui méprisaient la Convention et haïssaient la Gironde, que s'ils voulaient devenir maîtres de la France et de l'Europe, et remplacer la Convention nationale, ils n'avaient qu'à prononcer qu'ils voulaient qu'on suspendît ce procès, et qu'on s'occupât des affaires de la guerre, bien plus importantes.

Le général avait pour courier affidé un honnête et bon homme, nommé *Drouet*, frère du maître de poste de Saint-Menehould, qui avait arrêté le roi à Varennes, et qui était un des députés de la Convention et Jacobin ; il le fit d'abord préparer par son frère le courier, et ensuite il le fit venir ; il lui peignit avec tant d'énergie l'atrocité de ce crime, que Drouet, frappé d'horreur, promit de demander la suspension du procès à la Convention et aux Jacobins. Il ne fallait qu'un membre qui eût le courage d'en faire la proposition pour sauver le roi : personne n'osa. Drouet tomba malade et n'opina pas au jugement.

Tous les jours le général allait dans différens quartiers de Paris, entrait dans les boutiques et chez les particuers, entamait la conversation sur le procès du roi ; disait qu'il était étonnant que la Convention fût devenue un tribunal, que si Louis était encore roi, il fallait d'abord faire décider par la nation, par qui, et comment il serait jugé ; que s'il n'était plus roi, on ne devait pas perdre un tems précieux à faire le procès à un particulier ; alors il ajoutait des réflexions touchantes sur les bonnes qualités et les infortunes de Louis XVI. Quelquefois il était écouté avec attendrissement, souvent on le priait de cesser une conversation *dangereuse* ; quelquefois aussi on trouvait très-mauvais qu'il entamât cette matière. Mais où il s'exposait beaucoup, c'est lorsqu'il concluait par dire qu'il était étonné que dans une grande ville comme Paris, il ne se trouvât pas cinq à six mille honnêtes gens assez braves pour mettre à la raison et chasser deux ou trois mille coquins, répandus sous le nom de Fédérés, qui tyrannisaient la capitale. Un marchand raisonnable fit un jour au général cette réponse, en baissant les yeux et rougissant de honte : *Citoyen, je vois ce que vous voudriez nous inspirer. Nous sommes des lâches, le roi sera victime. Que pouvez-vous attendre d'une ville, qui, ayant quatre-*

vingt mille hommes de gardes-nationales, superbes et bien exercées, s'est laissé désarmer dans les premiers jours de septembre par moins de six mille Fédérés Marseillois et Bretons? Le général sortit, et alla gémir au fond d'une promenade publique écartée.

Quelques-uns des soldats de son armée qu'il rencontra ne lui parurent occupés que de dissipation, et partageant les orgies et la rage des Fédérés; d'autres se joignaient à ses ennemis, et allaient faire dans les différens clubs et à leurs sections des accusations absurdes contre lui. De toutes les tentatives que le général renouvela tous les jours, et sous toutes les formes possibles, il ne fit qu'acquérir, au milieu de beaucoup de dangers personnels la certitude désespérante du malheur du roi et de l'impossibilité de le sauver. Par-tout il ne trouva que consternation ou apathie. Il n'a pas apperçu pendant les vingt jours qu'il a étudié Paris, pendant cette affaire, le plus petit mouvement ni particulier, ni public en faveur de l'infortuné Louis XVI, ni le moindre dérangement dans les habitudes, ou la dissipation des frivoles et barbares Parisiens.

CHAPITRE VII.

Mort du Roi.

LE 18, la santé du général Dumouriez, quoique très-robuste, fut vaincue par le chagrin; la fièvre le prit, et il fut contraint de rester à la campagne, d'où il n'est sorti que le 22, avec la ferme résolution de ne rester à Paris que le peu de jours nécessaires pour tous les arrangemens de son départ, et de n'y rentrer un jour que pour dissoudre l'indigne Convention, qui avait eu la lâcheté et la scélératesse de condamner, sans l'entendre, et avec la légéreté et la précipitation la plus inouie, un roi innocent, qui avait toujours aimé son peuple, dont aucune faute n'était personnelle, qui avait aboli les corvées et la question dans les procès criminels; qui faisait le bien dès qu'on le lui présentait; qui, enfin avait convoqué la nation, pour qu'elle pourvût elle-même à ses besoins, et qu'elle réformât les abus. Tous les rois ont la même condition malheureuse qui a perdu Louis XVI; ils sont mal entourés et trompés, et ils vivent et agissent dans les ténèbres. Il leur est impossible de percer le nuage épais de leur cour, pour aller chercher la lumière de l'homme vertueux, dont la fierté modeste fuit la corruption et l'insolence des courtisans. Mais il n'y a que la désorganisation complette qui puisse amener une nation entière, à voir avec indifférence massacrer un roi, après l'avoir béni et adoré, après l'avoir comparé aux meilleurs de ses rois, Louis XII et Henri IV. C'est par le Club des Jacobins que les Français ont été amenés à ce degré de dépravation et de frénésie.

Le 21 janvier, jour de la mort du roi Louis XVI, est l'époque de la perte de la république, de la restauration de la monarchie, et peut-être du triomphe du despotisme. Les Français avaient débuté fièrement dans la carrière de la liberté, on pouvait pardonner les premiers excès de la révolution, parce qu'ils étaient l'effet de la résistance des abus qu'il avait fallu détruire. Une constitution sublime, quoiqu'imparfaite, semblait devoir fixer pour longtems le sort de la France. Les voyages du général Dumouriez lui ont prouvé que l'Angleterre, l'Allemagne, la Suisse ci l'Italie, approuvaient cette constitution. Le roi, entraîné par ses perfides entours, avait tenté de fuir, après avoir juré cette constitution; il avait été repris. L'Assemblée Nationale avait développé, dans cette occasion délicate, le caractère généreux d'une grande nation, il avait été réintégré. Depuis lors il n'avait plus été dangereux; il suivait fidélement la constitution, qu'il savait par cœur; et si ses ministres ou ses courtisans cherchaient encore à se révolter contre la loi, la constitution y avait pourvu, elle avait attaché l'inviolabilité à la seule personne du roi, et la responsabilité la plus sévère pesait sur les têtes des ministres et de tous les agens du pouvoir exécutif. Mais la troisième législature avait tendu visiblement au républicanisme, elle voulait renverser la constitution, il fallait pour cela trouver de nouveaux torts au roi, pour pouvoir le supprimer, et c'est à quoi la faction de la Gironde avait d'abord travaillé avec la perfidie la plus rafinée, pendant que la faction des Jacobins y coopérait avec toute l'impudence et la frénésie la plus sauvage. Carra et les journaux des Jacobins donnent l'explication la plus claire des manœuvres horribles qui ont amené la journée du 10 août, dont celle du 21 juin avait été le prélude.

Cette journée du 21 juin, n'avait produit qu'une insulte dégoûtante, faite dans la personne de ce malheureux roi à la nation entière et à la constitution. On avait entendu le farouche Santerre dire : *le coup est manqué, mais nous y reviendrons.* La Convention Nationale n'avait ni puni ni vengé cet affront ; au contraire même, les deux factions qui, malgré leur haine mutuelle, se réunissaient toujours pour faire le mal, avaient pris leurs précautions pour exécuter un plus grand coup. Elles avaient fait venir, des deux extrémités du royaume, des Marseillais et des Bretons, qui leur assuraient une entière supériorité.

C'est ainsi que s'était ourdie la trâme qui avait amené la sanglante et décisive journée du 10 août. A la vérité, les ministres et les généraux avaient de leur côté travaillé contre l'Assemblée et contre les Jacobins. Mais en supposant qu'ils fussent coupables, la loi existait, et la punition ne devait jamais tomber sur le roi, qui seul était innocent et inviolable, et qu'on ne pouvait regarder que comme l'occasion, et non pas comme l'auteur, de tout ce qui se faisait en son nom. Tout le monde était convaincu de cette vérité, et si Louis avait eu un caractère plus actif et plus fort, il n'aurait pas été victime. Les scélérats ont eu la lâcheté de punir de mort sa faiblesse, et c'est sa faiblesse qui aurait dû lui sauver la vie.

Au reste, ce monarque bon et faible, a trouvé, dans ses principes religieux, une énergie et une force qui l'ont soutenu héroïquement dans son martyre. On a recueilli tous les détails de sa mort ; ils sont précieux pour le développement du cœur humain. Ils agravent encore la férocité inouïe des Parisiens : une foule innombrable assistait à son supplice ; un joie barbare, ou une curiosité stupide étaient les seules impressions qui paraissaient sur les faces criminelles de tous les spectateurs. Pas un homme n'a eu le courage de verser une larme. Le croirait-on ? Les domestiques de ce bon roi étaient les plus près de l'échafaud, et paraissaient les plus acharnés.

Le 22, le général Dumouriez, en arrivant à Paris, alla le matin chez Garat, ministre de la justice, qui lui parut très-affecté de la mort du roi, et sur-tout de la commission qu'il avait eue d'aller avec les autres ministres lui lire sa sentence. L'infortuné Louis resta debout avec une contenance ferme et majestueuse pendant cette lecture, sans proférer aucune plainte. Il dit seulement qu'on avait tort de l'inculper de trahison, que ses intentions avaient toujours été très-pures, et qu'il n'avait désiré que le bien de ses concitoyens. Il leur dit ensuite, qu'il souhaitait qu'on lui donnât le tems de se préparer à la mort, et il les renvoya, avec un air de dignité et de douceur, dont Garat était pénétré en le racontant. Le général et Cabanis, médecin et ami de Mirabeau, gémissaient ainsi que le ministre. Ils lurent ensuite ensemble le testament de ce prince infortuné ; il était écrit de sa main, avec quelques ratures ; l'écriture était posée et ferme. Il contenait quatre pages de papier à lettres. La première était consacrée à la religion ; c'est un hommage bien juste, puisqu'il tirait d'elle son appui, sa fermeté et sa consolation. Les trois autres sont un chef-d'œuvre de magnanimité, de raison et philosophie morale. Ce testament, connu de tout le monde, est une des pièces les plus honorables pour l'humanité souffrante. Les tigres de l'assemblée ont dit que cette pièce justifiait sa mort, parce que dans le moment où il n'avait plus rien de commun avec le monde, où il allait périr victime de l'ingratitude de ses ci-devant sujets, il employait, dans deux ou trois endroits, le langage des rois, et ne flattait plus leurs opinions.

Dans le cours d'une monarchie de quatorze cents ans, les Français avaient assassiné plusieurs de leurs rois, mais cela avait été le crime de particuliers; la Nation avait conservée l'indignation la plus profonde contre ces monstres, qui avaient été puni par les supplices les plus cruels. Il était réservé à un siècle de philosophie de produire un pareil crime, commis au nom d'une nation entière, regardé comme un acte héroïque, et approuvé par la pluralité de cette nation.

Peut-on croire qu'une république, fondée sur un pareil attentat, puisse se soutenir et prospérer ? Non, sans doute. Les monstres ont tué Louis XVI, mais ils ont rétabli le roi. Ils en auront un quel qu'il soit, et cette même nation, légère, versatille, et toujours excessive dans toutes ses sensations, livrera ou massacrera elle-même tous les juges iniques, tous ces Jacobins furieux ; et passant d'une extrémité à l'autre, elle adorera de nouveaux rois. Tout ce qui a été fait de raisonnable pendant trois ans en faveur de la liberté sera perdu, et la France présentera une monarchie couverte de honte et de crimes, ruinée et démembrée, dans laquelle le plus pur despotisme combattra long-tems la destructive anarchie, avant de pouvoir faire régner des loix, qui ne seront pas dictées par le peuple. Toute cette génération, même celle qui ne fait que de naître, subira la punition des crimes atroces que présentent ces quatre années de l'histoire de France, et que la postérité aura peine à croire.

CHAPITRE VIII.

Conférences avec Cambon.

Après avoir tracé sans interruption ce qui a le plus affecté le général Dumouriez dans la sanglante catastrophe qu'il n'a qu ni prévoir, ni empêcher, il faut détailler les autres occupations qu'il a eues à Paris pendant le terrible mois de janvier qu'il y a passé. Un motif très-essentiel de son voyage, était de faire supprimer le décret du 15 décembre, ou au moins de convenir tacitement qu'il resterait sans exécution pour les Pays-Bas. Il avait démontré que ce pays était totalement aliéné, qu'on devait y craindre une rebellion, si on exécutait ce décret, que dès que les Autrichiens reparaîtraient en force, on aurait encore à combattre les Belges qui attaqueraient facilement nos faibles garnisons, nous couperaient les vivres, et rendraient notre retraite impossible. La Convention nationale était trop ignorante et trop occupée de ses dissentions intérieures et du procès du roi pour être attentive à ces démonstrations.

Un seul membre de la Convention gouvernait les finances du royaume, avec l'autorité la plus absolue. Cet homme, nommé Cambon, est un fou furieux, sans éducation, sans aucun principe d'humanité ni de probité, brouillon, ignorant et très-étourdi. D'Espagnac, qui, pour avoir suivi très-utilement une entreprise qu'il avait eu du ministre Servan, pour les charrois de l'armée, avait été arrêté le 22 novembre avec Malus, commissaire-ordonnateur, était encore prisonnier à Paris, avec un garde; c'est un homme plein d'esprit et de ressources; il avait gagné sur la partie des finances la confiance de Cambon, il proposa au général de lui procurer une conférence avec ce despote du trésor national, il le lui amena à déjeûner. Cambon se vanta d'avoir fait promulger et de soutenir le décret du 15 décembre. Il donna pour motif que le trésor national était vuide, qu'il payait, pour les frais de la guerre deux cents millions d'extraordinaire par mois, que la France entretenait six cents mille hommes armés; le général lui observa que même six cents mille hommes,

hommes, ne devaient pas coûter deux cents millions par mois, mais qu'on était bien loin de ce compte, puisque toutes les armées n'en comprenaient pas trois cents mille effectifs. Cambon lui expliqua que toutes les gardes nationales de toutes les villes frontières étaient payées comme l'armée, ainsi qu'une partie de celle de Paris. Il ajouta qu'il ne voyait plus de ressources pour finir la guerre, que le numéraire coûtait déjà 55 pour cent, et qu'on ne pourrait bientôt plus s'en procurer, pas même à cent pour cent; qu'il ne lui restait qu'un seul moyen, c'était de s'emparer de tout le numéraire de la Belgique, de toute l'argenterie des églises et de toutes les caisses, qu'il savait bien que cela était injuste, mais qu'il le jugeait nécessaire; que quand on aurait ruiné les Belges, quand on les aurait mis au même point de détresse que les Français, ils s'associeraient nécessairement à leur sort, comme faisaient les Liégeois qui se jettaient dans nos bras, parce qu'ils étaient misérables et endettés; qu'alors on les admettrait comme membres de la république, avec l'espoir de conquérir toujours devant soi, avec le même genre de politique ; que le décret du 15 était excellent pour arriver à ce but, parce qu'il tendait à tout désorganiser, et que c'était ce qui pouvait arriver de plus heureux à la France, que de désorganiser tous ses voisins, pour les mettre au même point d'anarchie.

Le général lui objecta, qu'outre que ce projet était barbare, il était impraticable ; que nous étions déjà au milieu du mois de janvier ; que nos armées étaient faibles ; qu'on ne s'occupait ni des moyens de les remettre en état, ni du plan de la campagne prochaine, qui allait s'ouvrir de très-bonne heure ; que les peuples de la Belgique étaient entièrement opposés aux principes désorganisateurs de notre révolution ; qu'on n'avait ni le tems de détruire ce que lui Cambon appelait leurs préjugés, ni de les dompter ; que dès le mois de mars, l'ennemi allait arriver sur les quartiers, trop faibles et trop prolongés des Français sur la Meuse ; que maître du passage de Maëstricht, il pénétrerait dans le centre de ces quartiers ; que dès que les Belges se sentiraient appuyés, ils prendraient les armes par-tout à-la-fois, qu'ils égorgeraient les garnisons de l'intérieur, composées de bataillons faibles et nouvellement levés; qu'occupant les derrières, ils couperaient les vivres et la retraite ; que l'armée ne pourrait plus regagner la France, et serait ruinée entièrement, et qu'ainsi tout serait perdu ; que d'ailleurs ce brigandage odieux ne pourrait pas autant valoir à la France, que si on ménageait le pays; que c'était éventrer la poule aux œufs d'or, que de détruire les richesses du clergé des Pays-Bas; qu'il valait beaucoup mieux leur tirer une partie de leurs trésors enfouis, par des emprunts qui les intéressaient nécessairement à nos succès ; que quant au numéraire, il n'était pas nécessaire d'en envoyer de France dans les Pays Bas, où il y en avait en quantité ; que la vraie manière de le mettre en circulation et de le remplacer par des assignats, était d'intéresser les gros capitalistes d'Anvers, Bruxelles, Gand, etc. dans les fournitures de toute espèce pour l'armée; qu'alors le service serait assuré, la dépense serait de moitié moindre ; que ces entrepreneurs recevraient les assignats en paiement, et seraient forcés, par leur propre intérêt, d'en propager la circulation; qu'en révoquant le décret du 15 décembre, les Belges seraient réellement libres, au lieu qu'ils n'avaient fait que tomber dans un esclavage plus révoltant ; qu'ils se donneraient une constitution, et leveraient des troupes, qu'ils joindraient à notre armée ; que cette fraternité d'armes, et les services mutuels que nous leur rendrions et recevrions d'eux, les ameneraient bien plus sûrement à demander l'adjonction à la République française, ne fût-ce que comme celle des alliés des Suisses avec les différens Cantons, ou des alliés de l'ancienne Rome, ou des Républiques grecques.

Cambon eut presque l'air convaincu, sur-tout quand le général lui promit que, si on prenait ces mesures de justice, de douceur et de sagesse, non-seulement il ne demanderait plus rien pour son armée, qu'il se faisait fort d'entretenir, avec les seules ressources de la Belgique, mais qu'il verserait encore, à titre de prêt, quelques millions dans le trésor de la France. Il avait lieu de ne pas douter que les Belges, pour se tirer d'un esclavage ruineux, tiendraient les promesses qu'il avançait en leur nom.

Après cette première conférence, Cambon alla à la Convention, et dans la chaleur de la discussion, il dit à la tribune, que si le décret du 15 décembre n'était pas exécuté, c'était parce que le général Dumouriez y avait appliqué son *veto*. Malgré cette noire méchanceté, par laquelle, pour le rendre odieux, Cambon l'assimilait au roi, auquel on faisait le procès avec acharnement, le général consentit à le revoir une seconde fois, et lui donna même à dîner, avec un autre député nommé Ducos. Cette conférence, qui dura plus de six heures, dégénéra en dispute, et sur ce que Dumouriez lui dit, que s'il voulait opprimer les Belges, il n'avait qu'à chercher un autre général, parce qu'il ne consentirait jamais à devenir l'Attila d'un peuple qui avait reçu les Français à bras ouverts, Cambon alla dire à la Convention que rien n'était plus indécent que d'entendre un général offrir sa démission à chaque décret qu'on rendait contre son opinion; que la République ne pouvait pas dépendre d'un homme, et qu'il fallait imposer silence au général Dumouriez et le punir. Voilà comme se sont terminées les conférences avec Cambon, auquel le général a prédit tout ce qui est arrivé depuis.

Au reste, Cambon avait bien raison

de dire qu'il était sans ressource. Il ne restait en janvier, dans la caisse nationale, que cent quatre-vingt-douze millions en assignats, et à-peu-près quinze à vingt millions en numéraire. Il n'y avait pas de quoi entretenir les armées jusqu'au mois d'avril. La valeur présumée des biens nationaux (du clergé) était entièrement consommée par l'hypothèque des assignats mis en émission.

Le général acquit cette certitude à la seconde séance du comité de défense générale. Comme on y décidait l'augmentation de l'armée à 570 mille hommes, il leur représenta que lorsque la Convention décréterait cette décision, elle rendrait un décret inutile, comme on en avait eu souvent l'expérience l'année précédente, si le ministre de la guerre ne présentait pas en même tems un état approximatif des fonds nécessaires pour chaque nature de dépense indispensable pour cette augmentation, comme habillemens, armemens, remonte, etc.; et si la Convention ne décrétait pas la remise prompte de ces fonds à la disposition du ministre de la guerre. Cambon, qui assistait à ce comité, convint que le général avait raison, mais en même tems il dévoila le mystère de la pauvreté du trésor national, et dit qu'il ne savait sur quoi créer de nouveaux assignats; qu'il ne restait pour unique ressource, que les forêts nationales et les biens des émigrés. Tout aussi-tôt quelques esprits violens du comité s'écrièrent qu'il n'y avait qu'à décréter sur-le-champ la vente de ces biens. On disputa assez long-tems.

Le général demanda la permission de dire son avis. Il fit observer au comité que les biens du clergé avaient été fort mal vendus; qu'il en restait encore une partie à vendre, mais que le discrédit était si grand, qu'on ne trouvait point d'acheteurs; que si dans cette circonstance on allait mettre en vente les biens de la noblesse, estimés plus de douze cents millions, cette nouvelle augmentation de biens-fonds à vendre, ferait encore diminuer leur valeur, ce qui acheverait de ruiner la nation; que le discrédit des assignats nouvellement émis, par cette opération funeste, serait encore plus grand, puisque le public ne verrait pas leur hypothèque assurée; car en supposant qu'on hasardât l'émission de douze cents millions sur ces biens-fonds, comme le proposaient quelques membres, ou on ne trouverait pas d'acheteurs, ou la vente ne monterait pas au tiers de cette somme énorme; que la nation perdrait les deux tiers, et qu'elle serait menacée d'une banqueroute inévitable. Quant aux forêts nationales, il représenta que le bois était déjà très rare en France; que si on aliénait ces forêts, les acheteurs acheveraient de le détruire; qu'indépendamment de l'énorme consommation nécessaire pour les constructions de toute espèce en bois, la France n'avait pas assez de mines de charbons pour suppléer au chauffage de bois, qui y était usité : qu'indépendamment de cet inconvénient, dont la France se ressentirait plus d'un siècle, cette ressource ne produirait tout au plus, malgré l'évaluation de huit cents millions, que deux ou trois cents millions, en taxant au plus fort.

Alors tout le monde convint qu'il ne fallait pas toucher à ces deux objets, et le général parvint à sauver, encore pour cette fois, les biens des émigrés; service qui, accompagné de beaucoup d'autres, ne lui a pas valu de leur part de meilleurs procédés, ni plus de justice. On décida qu'on proposerait à la Convention de décréter l'émission de six cents millions d'assignats sur l'hypothèque de la totalité des biens nationaux, sans aucune détermination particulière.

Cette émission vague est une démarche bien dangereuse, elle rentre dans l'abus de confiance qui a ruiné le système de Law, en 1720; mais elle était encore supportable, en ne la faisant pas trop disproportionnée. On l'a portée depuis à douze cents millions, c'est une pente glissante qui mène à la banqueroute; au reste, la banqueroute est la dernière ressource de Cambon, il ne s'en cache pas; il dit lui même qu'elle est inévitable. Quant à la Convention nationale, elle n'a pas des vues si profondes, elle ne cherche qu'à exister au jour le jour, sans calculer comment tout cela finira. Et voilà où en est le plus beau royaume de l'univers!

CHAPITRE IX.

Conférence du général Dumouriez avec quelques Jacobins.

Dumouriez avait été de la société des Jacobins dans son principe, alors elle n'avait encore admis, dans son sein, ni les Marat, ni les Camille-Desmoulins; alors on ne connaissait ni les Bazire, ni les Merlin, ni les Chabot, ni les Bourdon, ni tous les scélérats que les assemblées primaires ont choisi à l'envi de toutes les parties du royaume pour former la plus effroyable Assemblée de l'univers. Il n'avait jamais été fort assidu à leurs séances, qu'il avait toujours trouvées trop tumultueuses; il n'avait jamais approché de leur secrétariat; à la vérité, l'aventure du bonnet rouge, dont il avait été obligé de se coëffer, lorsqu'il avait été aux Jacobins, à son entrée au ministère, avait pu faire croire qu'il était zélé pour cette secte.

Voici le fait tel qu'il s'est passé. Dumouriez avait annoncé au roi qu'il croyait nécessaire, même pour l'utilité de sa personne, mais sur-tout pour celle de affaires publiques, que les nouveaux ministres, nommés par lui, sur la désignation du peuple. qui avaient fréquenté précédemment la société des Jacobins, s'y présentassent, au moins une fois, pour qu'on ne les taxât pas d'aristocratie ; et il avait, le matin même, dit au roi qu'il irait à la séance du soir, le roi avait senti l'importance de cette démarche, et l'avait approuvée. Depuis quelques jours, les factieux avaient arboré le bonnet rouge. Dumouriez et les Girondistes, qui alors paraissaient vouloir ramener la règle et combattre l'anarchie, et que, dans le fait, on ne peut pas accuser d'avoir jamais flatté les Jacobins, firent sentir à Péthion, alors maire de Paris, alors aimé des Jacobins, alors tout-puissant, que cette marque extérieure allait avoir les plus grands inconvéniens, et rappellerait la rose-blanche et la rose-rouge des guerres civiles de l'Angleterre, et les chaperons du tems du roi Jean à Paris. A cette époque, Péthion gouvernait absolument Roberspierre et les Jacobins, il promit qu'il leur écrirait une lettre, et que sur-le-champ, le bonnet rouge serait supprimé. Le jour convenu était celui que Dumouriez avait choisi pour aller aux Jacobins. La lettre fut effectivement écrite, mais elle n'était pas encore arrivée lorsqu'il entra dans la séance. Tous les Jacobins étaient en bonnets rouges; on lui en offrit un lorsqu'il entra, et qu'on le fit monter à la tribune; il fut obligé de s'en coëffer, sans quoi il aurait couru, très-mal à propos, les plus grands risques: il dit peu de mots; il annonça que, dès que la guerre serait déclarée, il briserait sa plume pour reprendre une épée, et il sortit sur-le-champ. A peine était-il parti à sept heures et demie, que la lettre de Péthion arriva, et fit l'effet desiré; les bonnets disparurent: ainsi, il ne s'en fallut que d'une demi-heure que le ministre fût exempt de s'en affubler, et d'après les clabauderies des faux royalistes, c'est-à-dire, du parti anti-constitutionnel, le public a mal jugé ce fait, qui n'est qu'un pur accident.

Depuis lors les Jacobins étaient devenus les ennemis les plus cruels de Dumouriez, lors de sa sortie du ministère. Les succès de la Champagne es avaient un peu raccommodés avec lui, malgré les imprécations de Marat : il avait paru au club un quart-d'heure à son passage à Paris, dans le mois d'octobre 1792, mais il n'avait jamais entretenu aucune correspondance, ni avec eux collectivement, ni particulièrement avec aucun d'eux.

Hassenfratz, Audouin, et tous les autres commis de la guerre y allaient tous les jours, ils y avaient dénoncé le général, et on y avait souvent ouvert l'avis de le faire comparaître à la barre du club, pour l'obliger à répondre sur les faits qui lui étaient imputés. Au travers de toutes ces conjurations les Jacobins avaient toujours voulu avoir de leur côté le général ; non-seulement ils le ménageaient, mais la multitude s'élevait ordinairement pour lui contre ses délateurs, et lorsque Hassenfratz avait porté sur le bureau sa grande dénonciation du vol de douze cents mille livres, avec les pièces à l'appui, on l'avait fait taire, et on avait passé à l'ordre du jour, ou au désordre du jour.

Les Jacobins avaient même détaché différens émissaires pour engager le général à paraître à leurs séances ; Anacharsis Clootz était venu plusieurs fois à la charge, et le général avait toujours éludé, en s'excusant sur ce qu'il ne pouvait pas paraître aux Jacobins avant d'avoir présenté ses hommages à la Convention. Le docteur Seyffert, qui depuis est devenu un des généraux de l'anarchie, avait fait pareillement de vains efforts, ainsi que Proli, intrigant de Bruxelles, qui avait voulu au moins arranger une conférence avec un nommé Desfieux, fameux Jacobin, un des plus actifs voyageurs de la secte, qui arrivait de Bordeaux, où il avait trouvé moyen de décréditer les membres de la Gironde, en excitant la populace de cette grande ville contre les honnêtes gens. Un nommé Jean Bon St. André, membre de la Convention, furieux Jacobin, quoiqu'avec la réputation d'honnête homme pénétré d'estime pour le général, sans le connaître personnellement, insistait sur cette conférence, et voulait y assister. Le général ne voulait pas être conduit à ce rendez-vous par l'aventurier Proli, qu'il méprisait : cependant, toutes réflexions faites, il s'y décida ; le jour pris, le général se trouva avoir la fièvre, et être obligé de rester au lit pour une sueur violente. Comme il ne voulait pas manquer de parole à Desfieux et à St. André, qu'il ne connaissait pas du tout, il arrangea un autre rendez-vous avec eux chez Bonne-Carrère, ci-devant directeur des affaires étrangères, qui était fort lié avec eux.

Là se passa l'entrevue. Desfieux parut au général une bête brute, un homme médiocre; Jean Bon St. André lui parut un homme plus raisonnable; on ne put convenir de rien, ni sur la manière dont le général se présenterait aux Jacobins, ni sur la conduite que ceux-ci tiendraient avec lui, restant gouvernés par l'affreux Marat; il ne leur promit pas d'y aller, il n'assura pas qu'il n'y irait pas : au reste, il ne vit dans ces deux hommes, sur l'affaire du roi, dont il n'osa traiter que légèrement, pour ne pas nuire par trop d'empressement, qu'une rage grossière, digne des sauvages, qui s'exhalait en des termes les plus injurieux et les plus déplacés. Il reconnut alors qu'il n'avait rien à attendre d'eux. Quand au ministre de la guerre, Pache et aux bureaux de ce département, le général vit qu'ils étaient soutenus avec acharnement, que les Jacobins dont Desfieux se disait et pouvait bien être l'organe, les voulaient conserver en place, et desiraient que le général Dumouriez, abandonnant ses accusations contr'eux, se joignît à leur faction pour renverser Lebrun, Garat, Clavière, et sur-tout Rolland, qu'ils régardaient comme les agens de la faction de la Gironde.

Dès ce moment il prit le parti de rompre ces conférences, et il le dit à Bonne-Carrère. Mais il sentit en mêmetems tout le danger qui en résulterait pour lui-même, sur-tout s'il suivait le projet qu'il avait formé, et annoncé à la Convention, de donner sa démission : dans ce cas, il eût fallu qu'il se fût livré aux Jacobins, pour être complice de tous leurs crimes, ou une fois dépouillé du commandement, qui était son égide, il eût été poursuivi sur les accusations calomnieuses d'Hassenfratz, mis en jugement, et livré comme coupable à l'affreux tribunal révolutionnaire, qui, depuis, a assassiné Custines sur les griefs les plus légers.

Dès-lors il fit son plan d'après les circonstances politiques, dont on va voir le développement dans les chapitres suivans. Ne pouvant plus espérer de sauver le roi, il ne s'occupa que des moyens de le venger, de sauver son épouse infortunée, et son fils, de rétablir la monarchie constitutionnelle, et d'anéantir l'hideuse anarchie qui comblait l'opprobre et les malheurs de la France.

CHAPITRE X.

Conseil d'État.

C'EST principalement avec le conseil d'État, où les six ministres, exerçaient le pouvoir exécutif, que le général Dumouriez traita les affaires pendant les vingt six jours qu'il a passés à Paris. Sur quoi il faut remarquer que dans un de ses manifestes postérieurs, il s'est glissé une faute d'impression ; on a mis vingt-six heures au lieu de vingt-six jours. Il a paru, dans les papiers anglais, une satyre contre cette pièce, dans laquelle on lui reproche gravement cette erreur, comme n'ayant pas pu faire en vingt-six heures tout ce qu'il annonce, et on lui en fait un grand crime.

Les ministres étaient Rolland, qui aura son chapitre à part ; il était détesté des cinq autres, qui lui cachaient tout ce qu'ils pouvaient, et qui se divisaient eux-mêmes en deux factions très-désunies. L'une était composée de Lebrun, ministre des affaires étrangères, que Dumouriez avait fait premier commis, qui, dans cette place, était très-bon, étant travailleur et instruit, mais qui n'avait ni assez de dignité, ni assez de force pour exister par lui-même, et que son caractère indécis rendait faux, même avec son bienfaiteur, quoiqu'il le regardât comme son appui. Il avait éloigné de ses bureaux Maret et Noël, deux hommes assez capables et honnêtes ; il n'avait point pris de directeur général pour détailler la besogne aux différens premiers commis ; et il avait pour secrétaire particulier, un nommé Isabeau, dont on ne disait pas trop de bien. D'ailleurs, occupé comme les anciens ministres, d'intrigues pour conserver sa place, il ménageait les Jacobins beaucoup plus qu'il ne convenait à un homme, que Brissot, Condorcet et les autres chefs du parti de la Gironde, conduisaient dans tout ce qui concernait la politique extérieure. De la faction de Lebrun était Garat, ministre de la justice, homme d'esprit et ayant des idées droites, à qui on ne pouvait reprocher que d'avoir, par une basse adulation, cherché à justifier les meurtres fameux des premiers jours de septembre. Grouvelle, qui n'était que secrétaire du conseil, mais qu'on pouvait presque regarder comme un ministre, parce qu'il prenait sur lui, décidait et donnait son avis, est un homme de lettres, tranchant, affichant des idées hardies et excessives sur la révolution.

Ces trois hommes avaient pour antagoniste Pache, ministre de la guerre, homme d'esprit, peut-être honnête homme, mais ignorant et aveuglément livré au parti des Jacobins. Il avait une femme et une fille aussi laides que méchantes, qui allaient dans tous les clubs et jusques dans les cavernes des Marseillais, pour demander la tête du roi. Les bureaux de la guerre étaient devenus un club, où on ne respirait que sang et carnage. On n'y travaillait qu'en bonnet rouge; on y tutoyait tout le monde, même le ministre, qui, affectant l'extérieur le plus négligé et le plus mal-propre, faisait sa cour à la canaille de Paris, en s'assimilant à elle. On voyait le même tableau dégoûtant dans les bureaux de la marine, d'où on avait chassé tous les honnêtes gens et les commis instruits, pour les remplacer par des Jacobins ignorans et furieux, qui, au travers de cette grossièreté iroquoise, ont fait de grandes fortunes. Les bureaux de la guerre et de la marine s'étaient réunis pour présenter à la Convention Nationale une adresse, signée aussi, *dit-on*, par les ministres, dans laquelle ils demandaient la mort du roi. Le ministre de la marine nommé Monge, académicien, avait été un excellent instructeur d'hydrographie ; il avait l'air d'un homme simple, un peu sournois ; il était entièrement soumis à son confrère Pache, et il soutenait avec lui, dans le conseil, la faction des Jacobins.

Clavière, ministre des finances, quoique lié avec les Girondistes, soutenu par eux et parent de Brissot, se joignait souvent à cette faction par esprit de contradiction, et parce qu'elle était la plus puissante et la plus active. Il ne pensait, comme les autres, qu'à conserver sa place, que Cambon et le comité des finances travaillaient à faire supprimer.

Tel était le conseil par lequel passaient les affaires publiques dans les tems les plus difficiles et les plus critiques pour la France. Une réflexion très-triste et très-commune, se présente naturellement ; c'est que la révolution française, sous prétexte d'égaliser tout, a tout avili. Les Jacobins étant la plupart tiré de la partie la plus abjecte et la plus grossière de la nation, ne pouvant pas fournir des sujets assez élevés pour les places, ont abaissé les places pour se mettre de niveau. Dès lors il n'y a plus eu dans la partie gouvernante ni dignité, ni honneur; et dans la partie gouvernée, ni considération, ni respect, ce qui au moins existait dans la démocratie d'Athènes. Ce sont plutôt des *Ilotes* ivres et barbares, qui ont usurpé la place des Spartiates. On a détruit l'ancien gouvernement pour ôter l'abus des places entre les mains des aristocrates, que leur naissance y portait, sans égard à leurs facultés morales, et on ne les a remplacés nulle part par des hommes à talens, mais par des plébéiens intrigans et audacieux.

Ce gouvernement dégénéré en saturnales, ne peut qu'entraîner la ruine entière de la nation, si elle ne détruit pas les tyrans subalternes qui ont tout envahi. Malheureusement elle ne le peut plus par elle-même, puisqu'ils ont l'argent, les armes, toutes les places et tout le pouvoir ; mais comme ils laissent tout perdre par leur ignorance et leurs fureurs, ce sont les armées étrangères qui rétabliront, non pas l'équilibre entre les hommes et les places, ce qui serait la perfection du gouvernement, mais le despotisme de l'aristocratie ; ce qui ne pourra pas durer, parce que l'esprit de liberté est trop enraciné en France pour s'éteindre entièrement ; et le nouvel état des choses ramènera encore une nouvelle révolution, dès que les troupes étrangères, qui ne peuvent pas toujours rester en France, en seront sorties, et laisseront la noblesse, répandue en petit nombre sur la surface de ce vaste royaume, à la merci de la vengeance du peuple qu'elle s'attirera, en abusant de son triomphe, qui sera de courte durée.

Le conseil ne s'embarrassait point du tout du sort du roi. Lebrun et Garat paraissaient craindre l'issue du procès, mais ils n'osaient s'occuper ni des moyens, ni de l'idée même de le détourner, ou de le suspendre ; ils se contentaient d'avouer que c'était un grand malheur qu'il eut été entamé. Rolland en paraissait le plus frappé, parce qu'en réfléchissant sur l'imprudence et la méchanceté de ses délations contre le roi, il sentait sans doute, qu'il était la principale cause de son danger; il gémissait et se taisait. Il entrait dans la nature méchante de Clavière de s'en réjouir; d'ailleurs, cet homme avait toujours montré une haine personnelle contre Louis XVI. Quant à Pache et à Monge, ils cabalaient hautement pour sa mort. Grouvelle prétendait qu'il convenait à la dignité républicaine de desirer qu'il fût *puni*.

Quant aux plaintes des armées et à la fourniture de tout ce qui leur manquait, les querelles les plus vives entre le ministre de la guerre et les généraux ne purent jamais déterminer le conseil à prendre un parti collectivement, et à donner aucun ordre. Ils s'étaient réservés chacun l'autorité exclusive dans leur département; Pache produisait au conseil, comme au comité de la guerre, ses états de situation, qui étaient tous faux, et qui étaient continuellement contredits par de nouvelles plaintes, et par des procès-verbaux des commissaires de la Convention auprès des armées. On écoutait la lecture de ces pièces, on soutenait le comité des achats, derrière lequel était Clavière, l'associé de Bidermann, chef de ce comité: et tout restait dans le même état. Il ne fut pourvu, ni à l'habillement, ni à la subsistance, ni à l'armement, ni aux hôpitaux, ni au ravitaillement des places frontières, ni aux travaux de fortifications nécessaires pour les mettre en état de défense. Dès lors les Jacobins voulaient avoir un homme à eux pour gouverner Paris, ils avaient promis la mairie à Pache, qui s'embarrassaient fort peu de ce que deviendrait après lui le ministère de la guerre, qu'Hassenfratz et Meusnier devaient quitter en même tems que lui.

Plus on réfléchit sur la conduite de la société des Jacobins, plus on s'égare dans les conjectures que font naître les événemens sur l'esprit qui les faisait agir. Il est certain qu'ils ont continuellement travaillé à désorganiser, et rendre inutiles tous les moyens immenses que présentait la France pour défendre sa liberté. Ils ont anéanti l'armée et la flotte; ils ont chassé ou emprisonné, tous les généraux de terre et de mer; ils ont épuisé en folles dépenses toutes les ressources pécuniaires; ils ont rompu tous les liens politiques et commerciaux avec les autres nations, qu'ils ont toutes bravées : et on ne peut pas douter qu'ils qu'ils ne fussent, et ne soient encore influencés par des Anglais, des Italiens, des Flamands et des Allemands, qui étaient devenus de furieux Jacobins, et qui étaient connus pour des espions payés par les gouvernemens étrangers. On peut ranger dans cette classe les Clootz, Marat, Chabot, Pio, le Juif Ephraïm, de Buscher, et beaucoup d'autres.

 Le décret du 15 décembre, bien loin d'être désapprouvé dans le conseil, était appuyé par tous les membres. Le Brun avait été secrétaire de la révolution de Liège, qu'il avait soutenue par un ouvrage périodique, assez bien fait, nommé le *Journal de l'Europe* ; c'est d'après cette feuille que Dumouriez l'avait placé aux affaires étrangères. Il croyait, comme tous les révolutionnaires de France, qu'une révolution ne pouvait pas marcher sans une désorganisation totale ; ainsi il ne pouvait qu'être de l'avis d'un décret qui désorganisait tout chez les peuples qui avaient le malheur de nous appeller, ou de nous recevoir. Le principe du général Dumouriez qui tendait à respecter la liberté, les propriétés et les opinions de nos voisins ne pouvait pas s'ac-

Tome I.   E

corder avec la manière de voir de Le-Brun. Il ne le lui disait pas, mais lui-même, ainsi que Marat, Chepy et ses autres émissaires auprès des Belges, avaient arrangé un pouvoir destructeur sous le nom de comité révolutionnaire. Le général s'étoit plaint au ministre de la conduite et des propos de Chepy, et l'avait prié instamment de le révoquer comme dangereux dans la Belgique; non-seulement il le soutenait encore, mais il l'y renvoya avec de plus grands pouvoirs. Ainsi pendant que le général sollicitait la révocation du décret du 15 décembre, le conseil nommait, ou laissait nommer par les Jacobins, trente-deux commissaires du pouvoir exécutif, auxquels il attribuait dix mille livres de traitement, indépendamment de leurs frais de voyage et de leurs voleries; il leur composait une instruction ridicule, avec laquelle il prétendait les contenir dans des bornes étroites, mais qu'ils n'ont point du tout suivies, ayant donné à leurs pouvoirs l'extension la plus tyrannique. Ces misérables ont été le fléau des Belges, et y ont fait abhorrer le nom Français.

Il restait à traiter le plan de campagne.

Cambon avait assuré qu'on payait six cent mille hommes. Nous étions déjà au 15 du mois de janvier, et le conseil ignorait encore combien nous avions de troupes, et combien nous aurions de nations ennemies à combattre pendant cette campagne. Le général annonçait que quand même on aurait toute l'Europe sur les bras, n'ayant pas de guerre civile, (et el e n'était réellement pas encore commencée,) on pourrait avoir trois cents soixante et dix mille hommes, dont un sixième de cavalerie, indépendamment des garnisons et des vaisseaux de guerre, garder toutes les frontières, en se tenant sur la défensive dans le midi et sur les Lords du Rhin; et ne hasardant l'offensive, que depuis la Mozelle jusqu'à Dunkerque. Voici la distribution de ces troupes, telles qu'il la proposait. L'armée de la Belgique, quatre-vingt mille hommes; celle des Ardennes, quarante mille; un corps sur la Mozelle, en communication avec l'armée des Ardennes et celle du Rhin, vingt mille; l'armée du Rhin, cinquante mille; une réserve à Châlons, ou Soissons, vingt mille; un corps à Lyon, pour observer les Suisses et les Piémontais, quinze mille; l'armée de Savoye, comté de Nice et Provence, quarante mille; l'armée des Pyrénées, vingt-cinq mille; le long des côtes de l'Ouest, depuis Baïonne jusqu'à Brest, quarante mille; le long des côtes de la Manche, depuis Brest jusqu'à Dunkerque, quarante mille. Toutes ces armées pouvaient se porter secours de proche en proche, et comme toute la France était sous les armes, si l'ennemi pénétrait d'un côté, on devait espérer pouvoir l'accabler, et ne point perdre de terrein. Il entrait dans le plan, que l'armée de Custine, qui avait déjà évacué Francfort, se reployerait sur Landau, et ne laisserait à Mayence qu'une garnison suffisante, pour forcer le roi de Prusse à perdre deux ou trois mois devant cette place; tems précieux à employer, pour travailler à mettre en état de défense les places d'Alsace, de la Lorraine et des Ardennes, et pour faire perdre la campagne entière à l'ennemi dans cette partie.

On portait dans ce plan les plus grandes forces et l'offensive dans la Belgique, parce que c'est un pays de plaines, sans places fortes, et même sans aucune de ces positions topographiques qui en tiennent lieu; ainsi le sort de la guerre dans ces provinces devait se décider dans des batailles; si on les gagnait, la plus forte partie de l'armée pouvait passer le Rhin; si on les perdait, on avait la ressource de se retirer derrière les places de la Flandre et de l'Artois; et cependant toute la campagne pouvait se passer, sans que la France fut entamée de ce côté.

Tel était le plan, que dans toutes les hypothèses imaginables, le général Dumouriez proposait au comité de défense générale et au conseil d'état. Au lieu de cela, La-Clos, qui venait d'être nommé commandant dans l'Inde, proposait qu'on le fît partir avec quinze mille hommes et quinze vaisseaux de guerre, ce qui supposait nécessairement la guerre avec les Anglais et les Hollandais, guerre qui n'était point déclarée, et qu'il eût été très-facile et très-nécessaire d'éviter. Il s'agissait dans cette expédition de La-Clos, de s'emparer du Cap de Bonne-Espérance et de Ceylan, pour ensuite se joindre à Tipoo-Saïb, et tomber sur le Bengale. Kellermann, en prenant congé de la Convention, pour aller commander l'armée du Dauphiné, forte d'à-peu-près vingt mille hommes, indépendamment de celle du Comté de Nice, aux ordres du général Biron, qui était d'à-peu-près près dix à douze mille, avait reçu ordre d'aller conquérir Rome, et avait répondu gravement qu'il allait à Rome. On avait encore affaibli cette armée, en en détachant sept à huit mille hommes avec la flotte de Toulon, destinés à conquérir la Sardaigne, dans la plus mauvaise saison de l'année, dans cette mer étroite et parsemée d'isles et de rochers. Aussi a-t-on perdu une partie de cette flotte, et l'expédition a échoué. L'armée des Pyrénées n'existait point, n'étant composée que d'un nombreux état-major, sans troupes. Cependant on prétendait aller conquérir l'Espagne, et on y destinait quarante mille hommes qu'on n'avait pas, et le général Servan. Il n'y avait point de troupes sur les côtes de l'Ouest et du Nord; à peine de faibles garnisons à Belle-Isle, et à deux ou trois autres points de ces côtes. Point de corps de réserve. Il s'en fallait plus de cinquante mille hommes que l'armée de la Belgique, unie à celle des Ardennes fut au complet. Celle d'Alsace n'était pas de vingt mille hommes, non compris vingt-deux mille hommes, enfermés dans Mayence; et l'armée de la Mozelle était de dix à douze mille hommes.

Il manquait donc plus de cent cinquante mille hommes, pour que le plan du général put être suivi ; et tous les moyens pour nourrir, armer et habiller cette quantité de troupes, et sur-tout pour lui donner un sixième de cavalerie, manquaient à la fois. Il eut fallu vingt mille hommes de cette armée à l'armée de la Belgique, jointe à celle des Ardennes, et les deux n'en avaient pas six mille. Il fallait pour ces deux armées quinze mille chevaux d'artillerie ; à la vérité on devait supposer que si le général était contraint par une force majeure à évacuer les Pays-Bas, et à se retirer dans le département du Nord, il emmènerait le plus qu'il pourrait de chevaux de trait du pays, pour les ôter à l'ennemi, dont on savait que les préparatifs étaient immenses, et le plan d'attaque dirigé contre l'Alsace et les Pays-Bas.

Le plan du général fut adopté, les trois cents soixante et dix mille hommes furent décrétés, avec quelques changemens dans leur distribution, mais ce fut tout ce qui en résulta. Cependant, peu de jours avant son départ, le général obtint, qu'en attendant l'exécution du décret de complettement, on ferait avancer dans la Flandre maritime, et vers Mons et Gand, environ quinze mille hommes de nouveaux bataillons, qui se trouvaient en troisième ligne dans la Picardie, la Flandre et l'Artois, où ils étaient inutiles.

Indépendamment du conseil, où Le-Brun et Garat n'étaient point d'avis qu'on développât tous les projets, surtout pour la partie politique, il se tint deux comités particuliers chez le général Dumouriez, qui semblèrent devoir décider du sort de l'empire, et qui ne menèrent à rien. Ils étaient composés seulement des deux ministres Le-Brun et Garat, et des Girondistes, Condorcet, Péthion, Gensonné et Brissot. Peut-être leur unique but était-il, que tout Paris sut que ces comités avaient eu lieu, pour faire croire que le général était entièrement dans leur parti, et le fortifier d'autant de tous ses partisans. Le Brun pria même le général d'écarter tout ce qui concernait les négociations avec l'Angleterre et la Hollande; il n'en fut pas du tout question. Brissot y étala ses projets de conquérir l'Espagne et l'Italie, que le général réfuta facilement.

Il y fut aussi question de la Suisse. Clavière venait de remporter une grande victoire, en forçant le général Montesquiou à s'exiler, pour ne pas tomber entre les mains de son dénonciateur, l'horrible Dubois de Crancé, et en désorganisant Genève sa patrie.

Brissot, et avec lui un parti nombreux, suggéré en partie par les agens des puissances étrangères, auxquelles il importait de faire entrer les Suisses en coalition ; Brissot prétendait qu'il fallait les faire déclarer, ou les attaquer. Le général prouva par des raisonnemens militaires, qu'aucun de ces métaphysiciens ne comprenait, qu'il fallait ménager le Corps Helvétique, et cependant à tout évènement, tenir un corps de quinze mille hommes pour couvrir Lyon, et pour observer.

Le général tenait d'autant plus à cette neutralité, que c'était pendant son ministère qu'était arrivée l'aventure du régiment d'Ernest, désarmé à Aix, dans laquelle il avait fait tout son possible pour réparer l'injustice de ses compatriotes, en envoyant deux cordons rouges aux deux chefs de cet estimable régiment, et en assurant sa retraite jusqu'aux frontières.

Depuis lors, il avait toujours cherché tous les moyens d'entretenir cette neutralité, si juste et si convenable aux vrais intérêts des deux nations. Au reste, ses efforts à cet égard ont bien moins servi dans cette circonstance épineuse, que les démarches fermes et mesurées du colonel de Weiss, du conseil souverain de Berne, connu par des ouvrages qui peignent à la fois, l'énergie de son ame, la bonté de son cœur et l'étendue de ses connaissances. Sans caractère diplomatique, du moins avoué, il avait eu l'art de se faire respecter des ministres, d'être écouté dans les comités, et de se former un parti dans la Convention. Tranquille au milieu des dangers, et pur au sein de la corruption, il n'avait pas craint de dire à un des principaux chefs : *Je sais que vous pouvez me faire arrêter ou poignarder dans ce moment, mais les preuves qui vous accusent sont déposées chez un tiers, et vous feraient guillotiner dans huit jours ; je demande pour prix de ma discrétion la paix de ma patrie.*

Dans un autre occasion importante, où il joignait adroitement les menaces à la flatterie, un officier supérieur l'interrompit brusquement, et lui demanda si pour oser parler ainsi, il avait cent mille hommes à ses ordres, dans les fauxbourgs de Paris ? *Non*, lui répondit-il fièrement, *je n'ai que moi; mais j'ai cent mille sentimens républicains dans le cœur, et vous n'en avez que mille.* On applaudit, et il continua en souriant. *Son coup-d'œil sur les relations politiques de la république Française et du corps Helvétique*, lancé à propos au moment de l'éruption, acheva de déjouer les projets hostiles, et il est très-probable, que sans lui, la guerre eut été déclarée avant la fin de février; divers préparatifs secrets étant déjà en activité : ils se dirigeaient d'après le plan assez mal combiné par Robert, Clavière et quelques émigrés Suisses, qui déterminaient l'attaque sur trois points à la fois. La division de la gauche, composée d'une partie de l'armée du Haut-Rhin renforcée, devait prendre Bâle d'assaut, ou par surprise, et observer les Autrichiens, déjà fort occupés d'eux-mêmes : celle de la droite, composée en partie de l'armée des Alpes, devait bloquer Genève, où l'on avait un grand parti, et pénétrer par Versoix dans le Pays-de-Vaud. La division du centre, rassemblée sous Belfort, et composée de l'élite des troupes des départemens voisins, devait (par le Porentrui, déjà occupé par les Français) se porter rapidement sur Berne, où l'on convoitait un trésor, des greniers, des caves, et un arsenal considérable. La place avait été reconnue, et quoique presqu'isle d'une rivière profonde, on se flattait au moyen des bombes, des boulets rouges et des hauteurs qui la commandent, de l'emporter avant que les milices Suisses fussent rassemblées et en état d'agir en masse. D'ailleurs on comptait sur une puissante diversion du nombre très-exagéré des mécontens du Bas Valais, Neufchatel, Pays-de-Vaud, Soleure, Lucerne et Fribourg. Cette dernière ville était désignée comme objet de vengeance particulière, relative à une affaire d'assignats. On prévenait les cantons démocratiques, que tout cela ne les concernait pas, et qu'on desirait conserver la paix avec eux. A l'égard des autres États, les commissaires et propagandistes devaient se hâter de bouleverser leurs constitutions, exciter les pauvres contre les riches, saisir les conseils et les principaux citoyens, guillotiner, incarcérer, déporter, s'emparer du numéraire, des vivres, des chevaux, des armes, provoquer l'émigration pour avoir les biens, bafouer la religion, et au nom de la liberté et du bien public, ruiner ce peuple heureux, et le rendre esclave. L'expédition devait être brusquée et tout au plus l'affaire d'un mois. Mais la mine éventée, la motion prévenue, et Clavière et Brissot tenus en échec par Weiss, firent échouer le projet, et sauvèrent la Suisse d'une irruption à laquelle, vu les circonstances du moment, elle pouvait tout perdre, et rien gagner.

Quand à la conquête de Rome et de l'Espagne, on la remit au tems où l'on aurait une armée pour opérer dans chacune de ces parties. Au reste, ces deux comités furent aussi inutiles que les séances des comités de défense générale et du conseil, et Dumouriez ne put par aucun moyen, terminer aucune affaire.

CHAPITRE XI.

Retraite de Rolland.

C'est à l'époque de la mort du roi que le ministre Rolland envoya enfin sa démission, après avoir lutté longtems contre les Jacobins et même contre son propre parti, pour se soutenir dans le ministère. Jamais le conseil ne parut plus joyeux que le jour où il reçut la lettre de ce ministre de l'intérieur, qui annonçait à ses collègues le parti qu'il venait enfin de prendre. Le conseil semblait une classe délivrée d'un pédant incommode. Cette démission, qui était un préliminaire arrangé entre les deux factions pour assurer celle de Pache, a eu une issue très-différente pour les deux ministres, le dernier a acquis une très-grande place, celle de maire de Paris; le premier n'a pas cessé depuis d'être en butte à la persécution des Jacobins, et son épouse a même été emprisonnée.

C'est encore un trait de la lâche politique de la faction de la Gironde, qui aurait dû ne jamais abandonner un homme qu'elle avait mis en avant sans aucune réserve. A la vérité, chaque démarche de Rolland, depuis son entrée dans le ministère, était une maladresse qui le compromettait lui et son parti. Rolland a peu d'esprit, il a beaucoup d'instruction sur la partie du commerce et des manufactures, et si on avait pu séparer les parties du ministère de l'intérieur, qui était trop étendu et trop compliqué pour une tête aussi faible, il aurait été excellent ministre du commerce. Il a de la probité, et même de la douceur et de la bonhommie; mais la vanité de passer pour un homme vertueux, lui avait fait adopter un air de roideur et un ton de rigorisme, qui n'était pas dans son caractère. Il voulait ressembler à Caton le Censeur, il en avait pris la tournure sèche, frondeuse et repoussante, mais il n'en avait ni le génie ni l'énergie. Son costume était antique avec affectation, mais au moins, il était propre dans son habillement, et il n'avait pas adopté le civisme sale des Jacobins. Sa démarche était grave et décente, et il ne manquait point à la dignité de sa place; il se faisait même respecter. Il était grand travailleur sur les parties qu'il connaissait, mais pliant toujours à la volonté du peuple, toujours persuadé que les supérieurs avaient tort ; et d'après cette opinion très-dangereuse, lorsqu'elle est trop générale, se conduisant habituellement avec imprudence et précipitation. Il n'était point entêté dans ses opinions sur les parties du gouvernement qu'il ne connaissait pas ; comme la guerre, la marine et la politique ; il avait à cet égard le jugement très sain, et il appuyait avec beaucoup de véracité ce qu'on présentait de juste et de raisonnable dans ce qui concernait les autres départemens. Depuis les changemens dans les ministres, se méfiant de leur ignorance, et peut-être de leur mauvaise foi, il n'admettait plus la responsabilité solidaire ; c'était sur-tout ce qui le faisait haïr dans le conseil, et il ne voulait plus répondre que pour lui-même.

Le caractère et les principes de Rolland en auraient fait un assez bon ministre dans un tems moins orageux, et si la république eût été bien arrangée, car il était très-républicain ; c'est même ce qui lui a fait tenir une conduite indécente, perfide et cruelle avec Louis

XVI, ce qui l'a engagé à l'accuser, et à livrer à la féroce et imprudente Convention, la fatale boëte de fer où était toute la correspondance *passive* de ce monarque, dans laquelle ces monstres ont trouvé le prétexte du martyre, aussi injuste qu'illégal de ce prince infortuné.

Rolland avait le malheur de se laisser conduire par une femme, bel esprit, qu'il avouait avoir donné le *poli* à ses volumineux ouvrages, et de s'être entouré d'un certain nombre de folliculaires, frippons ou fanatiques, qui composaient sous ses yeux la *Bouche de fer*, le *Thermomètre*, et presque toutes les longues affiches de toutes les couleurs dont tous les matins on tapissait toutes les rues et les lieux publics de Paris. Les Jacobins ont fini par tourner contre lui et sa faction ce moyen de prêcher les sots, qui ne laissait pas de coûter beaucoup d'argent. Le pauvre Rolland espérait jouer le rôle de Numa Pompilius : il faut dire un mot de sa nymphe Égérie, qui était sa femme. Mad. Rolland, qui, interrogée à la barre de la Convention, dans une accusation injurieuse et calomnieuse d'un aventurier, nommé Viard, répondit qu'elle était la citoyene Rolland, du nom d'un homme vertueux, qu'elle était glorieuse de porter. Elle se tira de cette espèce d'affront avec beaucoup d'honneur, et certainement il n'a pas fallu moins que l'acharnement des Jacobins contre son mari, pour l'avoir depuis persécutée et emprisonnée.

Parmi toutes les femmes dont les noms seront inscrits dans l'histoire de cette révolution, aucune n'a joué un rôle plus noble et plus intéressant que Mad. Rolland. C'est une femme de trente à quarante ans, très-fraîche, d'une figure très-intéressante, toujours mise élégamment, parlant bien, et peut-être avec trop de recherche d'esprit, vertueusement coquette, et s'étant fait le coryphée d'une société de métaphysiciens, de gens de lettres, de membres de la Convention et de ministres, qui, tous les jours allaient prendre ses ordres, mais qui, particulièrement, s'assemblaient chez elle le vendredi. C'est à ce dîner que se déployait la politique de toute la semaine, et qu'on arrangeait le plan de conduite de toute la semaine suivante. Aucune des femmes des autres ministres n'était admise à ces mystères politiques. Quoiqu'avec beaucoup d'esprit, Mad. Rolland était imprudente et hautaine, elle était fort aise qu'on sût qu'elle dominait son mari, et par là elle lui avait nui plus qu'elle n'a jamais pu lui être utile par ses conseils. Elle avait donné pour coopérateurs à son mari, dans les détails de son ministère, Pache et Lanthenas. Le premier avait si bien gagné la confiance intime de Rolland, que c'est par lui qu'il est devenu ministre de la guerre. Une fois son collègue, il n'a cherché qu'à le contrarier et le perdre; et pour mieux y réussir, il s'est jetté à outrance dans le parti des Jacobins. Leur lutte a été sensible; ils se sont accrochés sans aucun ménagement, et ils sont tombés tous les deux à la fois; mais Rolland est resté à terre, et Pache s'est relevé.

Plusieurs autres femmes se sont montrées sur les tretaux de la révolution, mais d'une manière moins décente et moins noble que Mad. Rolland, excepté Mad. Necker, qui peut seule lui être comparée, mais qui, vu son âge et son expérience, était plus utile à son mari, et moins agréable à ses entours. Toutes les autres, à commencer par Mlle. La Brousse, la prophétesse du chartreux Don Gerle, Mmes. de Staël, Condorcet, Pastoret, Coigny, Théroigne, etc., ont joué le rôle commun d'intrigantes, comme les femmes de la cour, ou de forcenées, comme les poissardes. La seule infortunée Elisabeth Corday, a consigné son nom dans l'histoire, en purgeant la terre du monstre Marat, par un fanatisme qui, heureusement pour l'humanité, doit trouver peu d'imitatrices.

La retraite de Rolland n'apporta aucun changement dans le conseil. Déjà depuis long-tems il n'était occupé que de ses chagrins, de ses dangers et de sa propre défense. Dès qu'un Jacobin lançait une diatribe contre lui, il se croyait obligé d'envoyer à la Convention une lettre justificative, et la Convention, qui était peut-être encore plus fatiguée de la sévère probité de Rolland que de son esprit factieux, ne voyait dans ses homélies qu'un orgueil insupportable. Sa faction elle-même, ne voyant plus en lui un homme accrédité, avait renoncé à le soutenir, et avait pris très-imprudemment le parti de le sacrifier. Rolland se persuada que sa démission serait refusée, il ne quitta l'hôtel du ministère, que lorsqu'il ne put plus douter de son sort. Il y couchait rarement dans les derniers tems, car les Jacobins, pour l'effrayer, y envoyaient de tems en tems faire des excursions nocturnes par les Fédérés. C'est ainsi qu'étaient traités les chefs du pouvoir exécutif. Le-Brun et Clavière ont été depuis accusés et emprisonnés. Garat a été accusé et arrêté après avoir donné sa démission. Cette révolution porte un tel caractère de barbarie, qu'aucun de ceux qui y ont eu part, et qui y ont joué un rôle, n'a été à l'abri de la mort violente, ou de l'exil, ou de la fuite.

CHAPITRE XII.

Négociations de Hollande.

LA France n'avait alors d'ennemis déclarés que l'Autriche, la Prusse et le roi de Sardaigne, elle avait eu sur eux une supériorité décidée pendant toute la campagne précédente, qui eût été entièrement décisive, si, d'après le plan du général Dumouriez, Custine, au lieu de passer le Rhin, pour faire la pointe sur Francfort, qui n'a produit qu'une faible contribution, qu'on a payée bien cher, s'était emparé de Coblentz, où il n'y avait point de garnison, et si on avait pourvu aux besoins des armées, de manière à ce que celle de la Belgique eût pu prendre ses quartiers d'hiver le long du Rhin, depuis Clèves jusqu'à Cologne ; celle des Ardennes, de Cologne à Andernach ; celle de la Moselle, d'Andernach à Mayence par Coblentz ; et celle d'Alsace, de Mayence à Landau par Spyre. Cette position de quartiers d'hiver eût affamé Luxembourg, qui se serait trouvé sans communication et forcé de se rendre ; on aurait eu derrière soi un pays neutre, ou ennemi, sur lequel on aurait pu vivre long-tems ; et on aurait pu, en ouvrant la campagne de bonne heure, passer le Rhin, et pénétrer dans le centre de l'Allemagne, où on aurait été reçu à bras ouverts, si on ne s'était pas fait craindre par des décrets absurdes, et des commissaires spoliateurs, qui ordonnaient les violences, l'insulte et le pillage. On avait manqué ce grand plan, cependant on pouvait encore se soutenir très-bien contre les trois ennemis qu'on avait déjà vaincus, en ayant soin de ne pas se donner de nouveaux ennemis.

Il se présenta un moyen de rendre l'Espagne neutre, et ce moyen eût épargné un grand crime à la nation. Le roi d'Espagne fit remettre à la Convention Nationale par son consul, une adresse, par laquelle il s'engageait à rester neutre, si on voulait sauver la vie de l'infortuné Louis XVI. Cette démarche fait honneur à ce monarque. Pourquoi les princes du sang Français n'en ont-ils pas fait autant? La féroce et stupide Convention rejetta cette adresse avec mépris. C'est un crime de plus envers la nation, à laquelle on donnait un ennemi de plus, sans la consulter.

Depuis long-tems la cour de Londres et celle de la Haye, montraient une grande aversion pour la révolution Française, et la mort de Louis XVI ne pouvait qu'augmenter cette aversion: mais en Angleterre, le roi seul desirait la guerre, et en faisait son affaire personnelle; en Hollande, tout le monde la craignait. Il était donc possible à la France d'éviter d'avoir ces deux ennemis de plus. On avait jusqu'alors ménagé la Hollande, d'où nous tirions du numéraire et des denrées ; il n'y avait qu'à continuer.

A la fin du mois de novembre, le général Dumouriez avait proposé au pouvoir exécutif, de l'autoriser à prendre Maestricht, sans lequel il ne pouvait pas défendre la Meuse et le pays de Liege. Il croyait possible, d'après beaucoup d'exemples pareils dans d'autres guerres, de prendre et garder cette place, en s'engageant par un manifeste authentique à la rendre à la fin de la guerre. Alors son armée était victorieuse et pleine d'ardeur ; il avait rassemblé, après la prise de la citadelle d'Anvers, toute sa grosse artillerie à Tongres et à Liege ; non pas pour faire périr les chevaux faute de fourrage, comme les Jacobins l'en ont bêtement accusé, mais pour forcer Maestricht à se rendre. Cette place n'avait alors ni garnison, ni palissades, ni approvisionnemens d'aucune espèce suffisantes pour soutenir un siège. Venloo était dans le même cas. Les griefs ne manquaient pas pour légitimer cette prise, et rejetter l'agression sur les Hollandais, s'ils s'en étaient offensés. Ils avaient déjà souvent faussé la neutralité, et tout récemment ils venaient de défendre la
livraison

livraison d'aucune denrée aux Français, sous peine de la vie, pendant qu'on rassemblait sur le Bas-Rhin de grands approvisionnemens, tirés de la Hollande pour les armées Impériale et Prusienne. Le conseil avait rejetté alors les propositions du général, et lui avait ordonné expressément de garder la plus exacte neutralité avec les Hollandais ; ce qu'il avait exécuté ponctuellement. On lui avait donné alors un autre ordre, dont il avait facilement démontré l'absurdité, et qui était resté sans exécution. C'était d'aller pendant l'hiver faire le siège de Luxembourg.

Comme on avait laissé échapper la seule occasion de s'emparer de Maestricht, qu'on peut regarder du côté de la Meuse comme la clef des Pays-Bas, le général n'était plus d'avis de laisser commettre de notre part aucun acte d'hostilité, qui pût justifier la déclaration des Hollandais contre nous ; sachant bien que cette déclaration entraînerait celle de l'Angleterre. Son avis était, qu'il fallait profiter de tous les moyens qui se présenteraient pour s'assurer la neutralité des deux nations. Celle de la Hollande sur-tout était indispensable, si on prétendait conserver les Pays-Bas. Si les Hollandais se déclaraient et livraient le passage par Maestricht et Venloo, la Meuse n'était plus tenable ; il fallait abandonner le pays de Liège, la Gueldre, le Limbourg, le Brabant et le comté de Namur, et se retirer derrière l'Escaut, en rétrécissant sa ligne de défense entre la citadelle d'Anvers et Valenciennes. Si les Anglais et les Hollandais assemblaient une armée dans la Flandre Hollandaise, il fallait encore abandonner l'Escaut, et se retirer derrière la Lys et sous nos places de Flandre et d'Artois.

Il se trouvait alors à Paris des réfugiés Hollandais, victimes de leur révolution, et de la fausse et puérile politique du ministre Brienne. Plusieurs d'entr'eux étaient des hommes considérables, et ils assuraient que leur parti était beaucoup plus puissant que celui du Stathouder, ce qui était vrai. On les avait rebutés jusqu'au mois de janvier : alors le ministre Le-Brun, après les avoir entendu, les avait adressés au général Dumouriez, pour avoir son avis sur leurs moyens, et sur-tout sur un projet d'expédition contre la Zélande, qu'ils présentaient comme immanquable. Après un mûr examen ce projet parût impraticable au général; mais il dit au ministre qu'il différait de donner définitivement son avis jusqu'à-ce qu'il fût rendu à Anvers, et qu'il eût pris des connaissances plus positives sur les détails de ce projet, qui lui paraissait d'un exécution très-difficile au premier aspect. Il fut donc décidé que les réfugiés Hollandais se transporteraient à Anvers avec leur comité révolutionnaire, et la légion Batave, d'à-peu-près dix mille hommes, eût ordre d'y aller en garnison, pour faire l'avant-garde du corps d'armée Française, en cas qu'on fût obligé d'entrer en guerre avec la Hollande. On plaça un agent auprès de ce comité Batave, pour rendre compte au ministre Lebrun de la partie politique. On ne prit au reste aucun engagement positif avec les Hollandais, et tout fut subordonné au succès d'une négociation, qui paraissait prête à s'entamer, d'après les circonstances suivantes.

Pendant que Dumouriez gérait les affaires étrangères, il avait envoyé comme ministre plénipotentiaire à la Haye, Emmanuel de Maulde, maréchal de camp, qui s'y était conduit avec beaucoup d'adresse et de prudence, qui avait procuré des armes et des chevaux, et qui avait concilié les intérêts des réfugiés avec ce qu'il devait d'égards au gouvernement du pays, de manière à conserver l'estime et la confiance des deux factions qui divisent la Hollande. Cette conduite, conforme à ses instructions, était trop sage pour convenir au tems présent ; de Maulde avait de plus la tache d'être noble et même titré ; Le-Brun le prit en haine particulière, le comité militaire trouva mauvais qu'il envoya des fusils à Dunkerque ; on attaqua ses marchés ; on le calomnia ; on le rappella, et on lui donna pour successeur Noël, que le général avait fait premier commis des affaires étrangères : celui-ci, quoique foncièrement honnête homme, partant de Paris avec des préjugés contre Maulde, un grand desir de le remplacer, et des projets de négociation beaucoup moins prudens, fut très-mal reçu, l'attribua à Maulde, écrivit contre lui, et devint son ennemi et son délateur.

De Maulde, en arrivant à Paris pour se justifier, vint trouver le général, et lui dit ; que si on voulait garder la neutralité avec la Hollande et l'Angleterre, rien n'était plus facile: qu'à la vérité, les ministres des deux cours ne voulaient ni reconnaître la Convention nationale, ni traiter avec le ministre Le-Brun; mais que le grand pensionnaire de Hollande, Van-Spiegel, et l'ambassadeur d'Angleterre, milord Auckland, l'avaient chargé d'annoncer qu'on traiterait volontiers avec le général Dumouriez.

En même tems Benoit, agent du ministre Français, qui arrivait de Londres, dit à Le-Brun, de la part de l'ancien évêque d'Autun, de Talon et des autres émigrés constitutionnels, qui avaient des relations avec le ministère Britannique; que le ministre Pitt et le conseil de St. James ne demandaient pas mieux que d'assurer la neutralité, pourvu que le général Dumouriez fût chargé de la négociation, et passât en Angleterre pour la terminer, ce qu'il pouvait faire très-aisément avant d'entrer en campagne.

Le-Brun et Garat furent d'abord les seuls dans la confidence de cette ouverture. Garat, dont les vues étaient droites, la saisit avec vivacité, et ouvrit l'opinion de donner au général une commission d'ambassadeur extraordinaire, sans déplacer Chauvelin, qui était ministre plénipotentiaire, et de le charger de demander une décision cathégorique pour la guerre, ou la neutralité. Le procès du roi n'était pas encore terminé, mais on n'en prévoyait que trop la cruelle catastrophe. Cette circonstance fit faire de nouvelles réflexions à Garat, qui craignait que les Anglais n'eussent la mauvaise foi de garder Dumouriez à Londres, dès qu'il y serait arrivé, pour ôter aux Français leur meilleur général. Dumouriez fut obligé de dissimuler qu'il avait prévu le même inconvénient, et que c'était tout ce qu'il desirait, pour se tirer des mains des scélérats qui tyrannisaient sa patrie. Il eut l'air de souscrire à la prudence de Garat, et voici ce qui fut arrêté :

Que l'affaire serait porté au conseil, et la proposition faite par le ministre Garat, d'envoyer le général Dumouriez en ambassade extraordinaire à Londres, d'après l'ouverture faite par les ministres d'Angleterre et de Hollande ; d'ordonner au général de trancher cette négociation avec noblesse et promptitude, et quel qu'en fût le succès, de revenir sur le champ se mettre à la tête de son armée. On devait demander au ministre Anglais toutes les sûretés pour la personne du général, et pour son libre retour. Clavière, Pache et Monge s'opposèrent de toute leur force à cette proposition, certainement par principe d'animosité et de jalousie, car tous les trois connaissaient bien la détresse de leurs départemens, et leur impuissance de soutenir une guerre universelle de terre et de mer.

Le général fut très-fâché du mauvais succès de ce projet, dans lequel il avait vu sa délivrance, et un grand moyen de servir sa patrie; il ne se rebuta cependant pas. Il convint avec Le-Brun et Garat, qu'il n'en serait plus question au conseil, qu'on suivrait l'affaire sans bruit, et qu'on attendrait qu'elle fût bien préparée pour la faire réussir. Il fut décidé que de Maulde repartirait pour la Haye sur le champ, sous prétexte d'aller y terminer ses affaires personnelles; que Noël serait rappellé, et placé ailleurs; que le général chargerait Maulde d'une lettre pour milord Auckland, dans laquelle il lui marquerait, qu'il devait se trouver le premier février à Anvers, pour visiter les quartiers d'hiver de son armée ; qu'ayant appris par de Maulde, son ami, que milord avait parlé de lui avec estime et confiance, il serait enchanté, si l'occasion se présentait de le voir sur la frontière ; que peut-être cette entrevue pourrait être utile aux deux nations et à l'humanité. Il fut décidé que si milord Auckland répondait à cette espèce d'invitation d'une manière affirmative, comme cela était à présumer, le général accepterait l'entrevue, et qu'il pourrait même de-là passer en Angleterre, si cette démarche devenait nécessaire.

Il fut décidé que Maret, qui avait déjà fait plusieurs voyages en Angleterre, y serait renvoyé pour savoir de M. Pitt, si réellement il souhaitait traiter personnellement avec le général Dumouriez. Chauvelin, qui s'était brouillé avec l'ancien évêque d'Autun, Talleyrand, qu'on avait donné pour Mentor, n'avait point du tout réussi dans son ambassade, qu'il avait prétendu mener tout seul ; ayant contre lui le préjugé de la nation, le roi d'Angleterre, le plus despotique et le plus en colère de tous les rois contre la révolution Française, les émigrés Français de toutes les couleurs et de toutes les dates, ses coopérateurs, la Convention nationale et sa propre inexpérience. Dans le cas où le voyage du général s'arrangerait, il fut décidé que Chauvelin serait sacrifié, c'est-à-dire, qu'il serait placé ailleurs, car Dumouriez, qui avait été intimement lié avec son père, et qui l'avait placé en Angleterre, d'après ce sentiment, avait exigé de Le-Brun qu'il lui donnâ Venise ou Florence, pour lui faire suivre avec plus de succès la carrière des négociations. C'est ici l'occasion de dire un mot sur le caractère personnel que le général Dumouriez a développé dans le cours de son existence publique. Soit facilité, soit principe, il n'a jamais fait tort à personne, il a obligé beaucoup de monde, et dans le nombre plusieurs, qui certainement ne le méritaient pas, ce qu'il n'a reconnu qu'après; il a fait par conséquent beaucoup d'ingrats. Chauvelin devait donc être rappellé, et Maret devait avoir sa place au départ de Londres du général; ainsi il était très-intéressé à faire réussir la négociation, et à préparer les voies au général, pour être bien reçu en Angleterre, et sur-tout pour que sa mission fut très-facile et très-courte.

CHAPITRE XIII.

Départ de Maulde, de Maret et du général Dumouriez.

EMMANUEL de Maulde partit pour la Haye, quoique la mort du roi, qui arriva sur ces entrefaites, dût en apparence rompre tous les projets ; mais la certitude où l'on était que, sur-tout la Hollande, avait le plus grand desir de parvenir à conserver la neutralité, fit juger à Garat et à Le-Brun, que le ressentiment de cette horrible catastrophe céderait à ce grand intérêt, et ils ne se trompaient pas. Le départ de Maret fut retardé assez mal-à-propos, et n'eut lieu que le jour même du départ du général, sous prétexte de faire pressentir sur ce voyages M. Pitt, par un de ses amis, qui avait déjà servi d'intermédiaire dans un voyage précédent de Maret en Angleterre. Mais dans le fait, le général a eu lieu de présumer que Le-Brun, piqué de ce que la cour de St. James ne voulait pas traiter avec lui, comme ministre des affaires étrangères de la république, ni avec la Convention, n'était pas fâché de faire manquer cette négociation, sans y paraître, en laissant agir l'étourderie de Brissot, et la sottise du comité diplomatique de la Convention, qui semblait trouver que la France n'avait pas assez d'ennemis, et chercher à en augmenter le nombre, en insultant toutes les nations.

La mission de Maret n'eut aucun succès, parce qu'en arrivant à Douvres, cet agent trouva l'ordre de se rembarquer sur le champ. Chauvelin n'avait jamais été reconnu en Angleterre comme ministre de la république ; dès que la Convention avait aboli la royauté, la mission de Chauvelin avait été regardée comme cessée par la cour de St. James, et elle n'avait toléré son séjour à Londres, qu'en qualité de particulier. A la nouvelle de la mort cruelle de Louis XVI, le roi d'Angleterre ordonna à Chauvelin de sortir de Londres sous vingt-quatre heures, et du royaume sous huit jours. C'est dans cette circonstance que Maret arriva, et reçut ordre du conseil, de se rembarquer sur le champ.

Mais cette circonstance ne changea

rien aux négociations de la Hollande. Le général Dumouriez partit le 26 janvier, le désespoir dans l'ame. Il n'avait pas pu empêcher un crime inutile, honteux et funeste; il n'avait réussi, ni à faire annuller le décret du 15 décembre, ou au moins à en faire excepter le Pays-Bas pour sauver l'armée Française, en cas de retraite, ni à faire établir une bonne administration pour les fournitures de l'armée, ni à obtenir les réparations, les remontes pour la cavalerie, les recrues, et tout ce qui lui manquait pour se mettre en campagne, ni ce qui l'affligeait le plus, ce qui le rendait honteux d'être Français à sauver un roi, dont il connaissait l'innocence et la bonté; l'ayant vu de très-près pendant trois mois. Il allait se remettre à la tête d'une armée désorganisée, livrée à l'indiscipline et à la maraude, et commettant tous les excès dans les quartiers d'hiver; mal armée, sans habits, dispersée dans des villages ruinés, où elle manquait de tout, le long de la Meuse et de la Roër. De nouvelles troupes arrivaient continuellement de l'Allemagne, pour augmenter l'armée du général Clairfait, qui avait eu le très-grand mérite de se maintenir entre l'Herfile et la Roër, avec des troupes peu nombreuses, manquant de tout, et effrayées de la rapidité de la conquête de la Belgique. Il leur avait rendu le courage, l'ensemble et la discipline qu'elles avaient perdu dans leur longue retraite.

Le prince de Cobourg, fameux par sa glorieuse campagne contre les Turcs, venait prendre le commandement de cette armée, qui grossissait tous les jours. Si le général Dumouriez donnait au prince de Cobourg le tems de le prévenir et de l'attaquer, il était sûr de ne pouvoir résister à ce général de front, et en même tems au prince de Hohenlohe, qui serait venu l'attaquer par son flanc droit sur Namur, dont les Français travaillaient très-lentement à réparer la citadelle. Si les Hollandais et les Anglais avaient le tems de rassembler une armée sur le flanc gauche, du côté d'Anvers et de la Flandre Hollandaise, le général n'avait plus aucune ressource, pas même pour sa retraite; ayant à traverser cinquante lieues de plaines avec une armée désordonnée, poursuivi et environné par trois armées plus fortes que la sienne, continuellement assailli par les paysans et les habitans des villes, que les excès commis au nom, et par ordre de la Convention, avaient réduits au désespoir. Il n'avait donc, pour diminuer ses dangers, d'autre ressource que la négociation entamée par de Maulde, et qu'il allait suivre lui-même ; à la vérité, il y avait quelque confiance, vu le grand intérêt de la Hollande, qui craignait la guerre, et qui n'y était pas du tout préparée.

On va rendre compte sans interruption du succès de cette négociation, qui fut rompue dès les premiers jours du mois de février, par l'impétuosité féroce et impolitique de la Convention. La brusque déclaration de guerre qui s'ensuivit, donna à la France dans cette négociation un air de perfidie, que les Anglais ont reproché avec quelque fondement. Au reste, ils ont eu de leur côté des torts pareils ; et en pourrait croire que le ministre Pitt n'aurait voulu qu'amuser le général Dumouriez, et se donner, ainsi qu'aux Hollandais, le tems de se préparer pour coopérer avec leurs alliés. Le traité de la cour de St. James avec celle de Turin, qui est de la même époque, confirme cette opinion. Tant il est vrai que l'histoire n'est qu'une tableau fidèle des crimes et des fautes des hommes qui gouvernent.

CHAPITRE XIV.

Négociation infructueuse. Déclaration de guerre.

Dès qu'Emmanuel de Maulde fut arrivé à la Haye, dans les derniers jours de janvier, il alla porter à milord Auckland la lettre du général Dumouriez. Ce ministre lui montra la plus grande joie ; lui dit que les intérêts de l'Angleterre et de la Hollande étant communs et indispensables, il allait communiquer cette ouverture à Van-Spiegel, avec lequel il l'aboucherait ; celui-ci adopta très-vîte le projet d'une conférence sur la frontière entre l'ambassadeur, le grand pensionnaire et le général Dumouriez.

Milord Auckland dépêcha trois paquebots de suite à sa cour, et de Maulde envoya son secrétaire à Anvers, où le général était arrivé le 2 février, après avoir visité les côtes depuis Dunkerque jusqu'à Anvers. Dans toute la Picardie, l'Artois et la Flandre maritime, il avait trouvé le peuple consterné de la mort tragique de Louis XVI. Il avait apperçu autant d'horreur que de crainte au seul nom de Jacobin ; cependant toutes les villes étaient remplies d'émissaires de cette secte, qui allaient exciter la canaille contre les citoyens honnêtes, et ramasser des délations, vraies ou fausses, contre les administrateurs.

A St. Omer et à Dunkerque il n'y avait pas la moindre apparence de préparatifs de guerre, et presque point de troupes, parce que le ministre de la guerre, pour former l'augmentation d'à-peu-près dix mille hommes d'infanterie, et quinze cents hommes de cavalerie dans la Flandre Autrichienne, comme le général l'avait demandé, avait dégarni la Flandre maritime : il avait même ensuite tiré encore d'autres bataillons de cette partie où était la guerre, pour former un corps de dix à douze mille hommes du côté de Cherbourg, d'où le général avait dit qu'on pourrait par la suite faire partir une division contre l'Angleterre, en cas qu'on ne pût pas réussir à éviter la guerre contre cette puissance. Nieuport et Ostende étaient dans le même abandon; il n'y avait pas une seule batterie disposée non plus qu'à Dunkerque pour empêcher les vaisseaux d'entrer de force dans ces ports; il n'y avait pas même de canons pour y placer, et il fallait les faire venir de Dunkerque qui n'en avait pas suffisamment pour garnir ses forts, ses lignes et ses batteries de mer.

Le général Dumouriez, frappé du désordre qu'il voyait par-tout, et sentant à tout moment augmenter son embarras qui devenait insurmontable, fut très-content du premier succès de la négociation de Maulde; il dépêcha sur le champ un courrier à Le-Brun, avec la réponse originale de milord Auckland, qui lui mandait, qu'il était convenu avec le grand pensionnaire de Hollande, de se rendre ensemble à la frontière, pour conférer avec le général; qu'il avait dépêché plusieurs paquebots à sa cour, pour en obtenir la permission et des instructions relatives à cette conférence; qu'il n'attendrait pas long-tems la réponse; que son intention n'était pas de l'amuser, ni de retarder ses préparatifs et ses projets pour la campagne qui allait s'ouvrir.

La dépêche de Maulde, qui accompagnait celle de Milord Auckland, donnait l'explication de ce qui s'était passé. On avait témoigné toute l'horreur à laquelle il s'attendait sur l'atroce barbarie qui avait été commise à Paris; mais comme il avait bien assuré les deux ministres, que le général partageait leurs sentimens à cet égard, et qu'il était pénétré de la plus profonde indignation, cette horrible circonstance n'avait pas nui à la négociation. On était donc convenu sans aucune difficulté, que dès que milord Auckland aurait reçu les réponses de sa cour, la conférence aurait lieu au Mordyck, sur les yachts du prince d'Orange, qu'on prépara à cet effet pour recevoir le général. Maulde ne doutait pas que cette conférence n'eût le plus grand succès.

Le général avait les mêmes espérances, et tel était dans ce cas le projet qu'il avait formé. Il ne voulait pas trahir les intérêts de sa malheureuse patrie; il voulait au contraire la servir, en diminuant le nombre de ses ennemis; ainsi il voulait réussir à assurer la neutralité entre la France, la Hollande et l'Angleterre. Mais en même tems il voulait, après avoir rendu ce dernier service à la France, se délivrer de l'apparence de partager le crime de ses compatriotes, et cesser de combattre pour des tyrans absurdes, qu'il aurait voulu pouvoir punir, bien loin d'appuyer leur hideuse tyrannie. Il comptait donc de ne pas revenir à Anvers; de se retirer à la Haye, et de-là donner un manifeste pour justifier son émigration. Il expliqua une partie de ses sentimens dans une lettre particulière à de Maulde, cette lettre fut communiquée aux deux ministres; qui prièrent de Maulde de leur en laisser prendre copie; mais il ne voulut pas le leur permettre, n'y étant pas autorisé par son ami; il remit seulement à milord Auckland une réponse du général, qui lui mandait qu'il recevrait avec plaisir la nouvelle du succès de sa démarche auprès de sa cour.

Dans le tems où la négociation était avancée à ce point, et promettait une issue favorable, lorsque le général Dumouriez se flattait d'être délivrée du joug insupportable pour son ame, de commander et de combattre pour des tyrans, avec la sûreté d'être un jour la victime de leur ingratitude, de leur injustice et de leur cruauté, quels que fussent ses succès ; il reçut le 7, par les papiers publics, la nouvelle de la déclaration de guerre contre l'Angleterre et la Hollande, décrétée à la séance du premier février, sur le rapport de Brissot au nom du comité diplomatique. Cette nouvelle lui ôta tout espoir ; elle était inattendue. Il n'était parti de Paris que le 26 janvier ; il n'était arrivé à Anvers que le 2 février ; Le Brun n'avait pas attendu de ses nouvelles, ni de celles de la négociation de Maulde ; mais il semblait que ce ministre eût précipité le rapport du renvoi de Chauvelin par ordre du roi d'Angleterre, pour exciter la fureur de l'imprudente Convention, et mettre un obstacle insurmontable à ce qu'il avait concerté avec le général. Quant à Brissot, il profitait de l'occasion pour insulter, comme à son ordinaire, les rois et les peuples, en quoi il était bien secondé par Barrère et par le parti des Jacobins. Les deux factions se réunirent pour prendre sans réflexion, sans délibération, sans discussion, le parti le plus violent et le plus téméraire. La guerre fut déclarée, mais Le Brun n'envoya point de courier au général Dumouriez, qui devait en porter tout le fardeau, et on s'embarrassa fort peu de savoir si on était ou n'était pas en état de se soutenir contre ces nouveaux ennemis.

Le lendemain de cette nouvelle, de Maulde arriva de la Haye, apportant une seconde lettre de milord Auckland, qui se félicitait d'avoir enfin reçu l'autorisation pour la conférence, qui restait fixée pour le 10 au Mordyck. Le général lui envoya un courrier, pour lui mander qu'il n'était plus question de négocier ; qu'à la vérité la déclaration de guerre était un peu brusque, mais que le ministère Anglais y avait donné lieu, 1°. en ne rendant pas deux vaisseaux chargés de grains, arrêtés dans les ports d'Angleterre, et réclamés vainement par le ministère Français ; 2°. en chassant ignominieusement de Londres et du royaume le ministre de France, dans le moment d'une négociation ; 3°. en faisant publier par lui, milord Auckland, le 2 février, une adresse aux Etats-Généraux, outrageante pour la nation Française, et équivalente à une déclaration de guerre.

Le général avait d'autres reproches aussi graves à faire à Van-Spiegel, à qui il avait demandé vainement la liberté du colonel Micoud, Français qui, ayant gagné un procès considérable contre un négociant, avait été mis ensuite en prison par le crédit de ce négociant, sur l'accusation vague d'avoir parlé trop librement sur les matières du gouvernement. Van-Spiegel avait laissé chasser d'Amsterdam la troupe de comédiens Français, sans même leur laisser le tems d'être payés de ce qu'il leur était dû. Il avait laissé insulter par les émigrés Noël, ministre de France, et Thainville secrétaire d'ambassade ; et les avait ensuite expulsés ignominieusement. Les émigrés étaient en armes et en uniformes à la Haye. Enfin, on y fesait éclater impunément la plus grande haine contre la France.

Il est certain que la conduite des cours de St. James et de la Haye est inexcusable puisqu'au milieu d'une négociation entamée d'après les ouvertures faites par elles-mêmes avec le général Dumouriez, qu'elles avaient demandé pour négociateur, elles provoquaient l'irrascibilité et l'impatience impolitique de la Convention Nationale, qu'elles connaissaient incapable de se tenir dans les bornes du bon sens et de l'équité ; on peut donc leur reprocher, autant qu'aux Français, tous les maux qui résultent de cette guerre, qui n'est pas prête à finir, et qui sera la source d'autres guerres interminables.

On peut dire que la Providence a réuni tous les peuples de l'Europe, pour punir les crimes énormes commis par la Nation Française, et peut-être pour les punir eux-mêmes par les calamités qu'ils auront à souffrir avant d'y réussir, ce qui sera long, coûteux et sanglant. Les esprits forts de l'Assemblée, (et ce sont les plus ignorans et les plus scélérats, parce que ce n'est pas par philosophie qu'ils le sont devenus, mais pour s'étourdir sur leurs crimes, en mettant leur esprit d'accord avec leur ame) ont regardé comme une capucinade ce que le général leur a dit sur la Providence, dans sa fameuse lettre du 12 mars; il a à leur répondre, que la Providence nous laisse le libre arbitre de faire le bien ou le mal, de prendre un bon ou un mauvais parti; mais que de ce premier choix qui est la cause, résultent nécessairement les effets bons ou mauvais; que ce qui est juste est seul vrai; que ce qui est injuste est la preuve d'égarement et de fausseté dans l'esprit; qu'ainsi, surtout en fait de gouvernement, le juste conduit les nations au bonheur, l'injuste au malheur; que lorsqu'une nation est frappée de l'esprit de vertige, comme la nôtre en donne l'exemple, tous ses projets, toutes ses actions tendent à sa ruine; que la même frénésie qui lui a fait commettre le crime inutile de tuer Louis XVI, et de traiter sa famille comme un troupeau de vils esclaves, lui a dicté le décret, aussi injuste que mal adroit, du 15 décembre, qui a aliéné contr'elle tous les peuples qui lui étaient précédemment attachés; lui a inspiré ses divisions, ses délations, ses massacres, ses déprédations, sa démocratie outrée, son *sans culottisme*, son *jacobinisme*, son insouciance sur le nombre de ses ennemis et sur les moyens à prendre pour leur résister; enfin, son anarchie et sa désorganisation totale, qui sont le commencement de son châtiment: car depuis que la France s'est déclarée république:

blique, elle est devenue la contrée la plus malheureuse que présentent les annales anciennes et modernes du monde entier.

On terminera ce livre par une réflexion douloureuse sur l'état où la France s'est réduite par ses propres fureurs. Elle avait créé en très-peu de tems une constitution imparfaite, mais fort belle, que tous les peuples de l'Europe ont admirée, et que beaucoup ont enviée. Toutes les factions, en se déchirant, ont été d'accord pour la détruire ; la cour, dans l'espoir de recouvrer son despotisme et ses abus ; les Jacobins, dans l'espoir d'abattre entièrement la royauté, si nécessaire aux Français. Tout le monde loue cette constitution ; les Français seuls la blâment et la rejettent. Ils ne la connaissent pas, puisqu'elle n'a jamais été pratiquée en France ; ils ne peuvent pas la juger, puisqu'ils ne la voyent qu'au travers de leurs passions furieuses.

Français, de quelque faction que vous soyez, Emigrés, Jacobins, Royalistes, Républicains, quel que soit le parti qui triomphe, son bonheur ne sera pas de longue durée, s'il n'en revient pas à cette constitution, qui modifie le pouvoir qui gouverne, et lui trace ses devoirs. Les uns ont voulu déifier la royauté, les autres ont commencé par l'avilir; et l'ont ensuite abolie : elle sera rétablie ; mais puisque deux factions agiront toujours autours d'elle, l'une pour l'égarer, en exagérant son pouvoir, l'autre pour l'abattre, en annullant son autorité, on ne peut attendre que les plus affreuses calamités de quelque côté que penche la victoire, à moins que le roi lui-même, éclairé par la catastrophe de son prédécesseur, n'appelle à son secours cette constitution salutaire, pour en faire son appui et son égide, et pour s'imposer à lui-même une barrière. Un peuple libre ne peut reconnaître de puissance que dans la loi, et le roi d'un tel peuple, pour être heureux, doit être le premier sujet de cette divinité bienfaisante.

CHAPITRE XV.

Plan de campagne.

Le général Dumouriez va donner, dans les chapitres suivans, les détails de la campagne la plus courte, la plus variée, et peut-être la plus importante qui ait jamais été faite. Elle a été conçue avec la plus grande rapidité, depuis le 7 février, exécutée de même, puisqu'elle a été ouverte le 22 de ce mois, et qu'elle a fini le 5 avril. Elle présente à la méditation des militaires des prises de villes incroyables, au milieu des inondations; une grande bataille, plusieurs combats, et une retraite qui a étonné même les généraux ennemis, et qui a mérité leur approbation; elle offre dans ce court espace de tems les deux genres de guerre, l'offensive et la défensive; enfin elle a décidé en partie le sort de la France, et peut-être par influence, celui de toute l'Europe.

Elle n'est pas moins intéressante aux yeux du philosophe, qu'elle confirmera dans l'opinion que la destinée des empires dépend souvent des plus petites circonstances, et qu'un homme seul, de plus ou de moins, peut décider du sort d'une nation entière. L'année précédente, le général Dumouriez, en prenant le commandement de l'armée de la Fayette, avait sauvé la France dans les plaines de la Champagne, et l'avait illustrée dans celles de la Belgique; parce qu'alors la grandeur du danger avait réuni les esprits autour de lui, et avait forcé la nation à l'écouter, à lui obéir et à le seconder. Cette année, les circonstances étaient changées. La nation, ou plutôt ceux qui la gouvernaient et l'égaraient, enivrés de leurs succès, aveuglés par leurs crimes, n'écoutaient plus le général qui voulait encore les sauver, et du joug de l'ennemi, et de leur propre fureur; il fut mal secondé, mal obéi, contrarié, trahi ; sa campagne fut malheureuse, malgré tous les efforts qu'il fit pour fixer, en sa faveur, le sort de la guerre ; après s'être vu arracher des mains la Hollande, qu'il alloit conquérir sous peu de jours, il fit un second plan, la victoire lui fut arrachée par ses propres troupes. Au milieu d'une retraite, aussi savante qu'ensanglantée, il fit un troisième projet qui sauva son armée, et qui empêcha la ruine entière des Pays-Bas; ce projet, qui avait le salut de la France pour but, manqua encore par l'imprudence féroce et orgueilleuse de la Convention nationale, et par la légèreté et l'inconstance de son armée, il fut obligé de l'abandonner, et de se retirer chez des ennemis, qui ne pouvaient s'empêcher de l'estimer.

Dès-lors les Français n'ont plus été les mêmes, une fureur sauvage a succédé dans les troupes à une valeur raisonnée, on n'a plus vu ni plan dans la conduite de la guerre, ni talent dans l'exécution; on tue, on se fait tuer avec acharnement, mais on ne fait pas la guerre, et elle serait peut-être déjà terminée, si un seul peuple combattait contre la France, et si la combinaison des forces militaires de plusieurs nations qui l'attaquent à-la-fois, n'était pas, peut-être, contrariée souvent par le choc des intérêts politiques, qui font mouvoir chacune d'elles.

Le général Dumouriez venait d'acquérir la funeste certitude, que les forces de l'Angleterre et de la Hollande allaient se joindre à celles des autres ennemis de la France. Si elle eût été gouvernée par des hommes raisonnables, il aurait proposé d'abandonner les Pays-Bas, qu'on ne pouvait plus défendre, et de retirer l'armée derrière les places du département du Nord, en gardant quelque tems les bords de l'Escaut et la citadelle de Namur; mais une proposition aussi raisonnable eût été regardée comme une lâcheté ou une trahison, et elle eût coûté la tête au général.

Si d'ailleurs elle eût été acceptée, elle l'eût remis sous la puissance de ceux qu'il avait le projet d'opprimer un jour pour sauver la France. S'il y rentrait avec son armée, suivi par l'ennemi, et ayant l'air de fuir, il perdrait, auprès d'elle, toute la considération, qu'il ne pouvait conserver que par de grands succès; elle eût été bien vite influencée par les Jacobins de Paris, que cette retraite eût renforcé de 70 mille hommes. Il ne pouvait donc se tirer de la position désespérée dans laquelle il se trouvait, que par les projets les plus audacieux. Sa réputation et la célérité de son attaque pouvaient seules suppléer à tout ce qui manquait à son armée. Armes, habillemens, chevaux, vivres, argent, tout était en Hollande; il fallait aller l'y chercher. Il fit donc le projet de conquérir sur-le-champ la Hollande. Voici son plan et ses moyens.

Les réfugiés Hollandais avaient assemblé un petit comité révolutionnaire à Anvers, où était aussi la légion batave. Ils avaient plus de zèle que de lumières; et quoiqu'ils dépensassent beaucoup d'argent pour entretenir des correspondances avec les diverses provinces de leur République, les renseignemens que le général recevait par eux étaient très-médiocres, sur-tout pour la partie militaire. Il jugea seulement, d'après tout ce qu'il put tirer d'eux, que leur parti était très-considérable, sur-tout à Amsterdam, à Harlem, à Dordrecht, ou Dort, et en Zélande. Il reprit la proposition, qu'ils lui avaient faite à Paris, de faire une irruption en Zélande; il l'examina avec eux, et il eut l'air de s'y attacher, pour mieux couvrir un dessein plus hardi, et qui était plus aisé parce qu'il paraissait plus impraticable; il ne confia ce projet qu'à Mrs. Koch et de Niss, qu'il jugea dignes de toute sa confiance, et qui, par leur zèle, leur probité, leur grandeur d'ame et leur civisme, auraient mérité d'être les libérateurs de leur patrie.

Voici d'abord le projet de la Zélande. Le comité hollandais avait appris que le Stathouder avait fait le projet de faire fortifier l'isle de Walkeren, pour s'y retirer avec les États et tous les membres du gouvernement, en cas que les Français fissent une incursion dans la Hollande, et que les peuples dont il se méfiait, se joignissent à eux. Le comité Batave proposait qu'on fit partir d'Anvers quelques mille hommes, qui se seraient glissés dans le Zuid-Beveland, d'isles en isles, et de-là dans celle de Walkeren, où il y avait à prendre Middelbourg et Flessingue. C'était par Sandvliet qu'on devait, après avoir traversé les canaux de l'Escaut, passer sur les bas-fonds de l'isle de Zuid-Beveland. Il fallait ensuite traverser un bras de mer, qui se trouve entre Zuid-Beveland et Walkeren : arrivé dans cette dernière isle, il n'y avait encore rien de fait, si les habitans ne se déclaraient pas, ne se joignaient pas à leurs libérateurs, et ne désarmaient pas sur-le-champ la garnison de ces deux places, qui, à la vérité, ne composaient pas plus de 12 à

1500 hommes de troupes peu aguerries. Mais pour peu qu'il y eut du retard, l'isle pouvait recevoir un secours au double plus considérable que les assaillans ; en ce cas, non-seulement l'entreprise était échouée, mais le détachement français eût été perdu sans ressource, sa retraite eût été impossible ; plusieurs frégates anglaises stationnaient déjà à Flessingue, et les Hollandais avaient sous l'isle de Batz, dans l'Escaut, à une lieue au-dessous de Lillo, une flottille qui aurait sur-le-champ coupé au détachement français, toute communication avec la terre-ferme de Flandre.

Il fallait, pour cette expédition, une rapidité et une précision, que le général ne pouvait attendre ni de ses troupes, ni des Hollandais révolutionnaires ; il n'avait pas un seul officier général à qui il put confier l'exécution d'une entreprise aussi dangereuse ; il ne pouvait pas abandonner son commandement général pour s'en charger lui-même. S'il avait abondé dans le sens des Hollandais, il eût certainement échoué ; ce mauvais début de la campagne, avec des troupes peu nombreuses et toutes neuves, eût achevé de ruiner son armée, qui, comme on le verra, souffrait déjà beaucoup de son absence, et a été peu de tems après battue, consternée et débandée sur la Roër et la Meuse.

Si par le plus grand hasard du monde, et contre toute probabilité il eût réussi, cette expédition, quoique brillante, ne lui eût servi à rien; il eût perdu cinq à six mille hommes, qui se fussent trouvés séparés de lui par un bras de mer, ayant entre deux toutes les places de la Flandre Hollandaise, et il ne lui serait pas resté assez de troupes pour exécuter aucune autre entreprise.

Cependant, pour mieux cacher son véritable projet, il fit semblant d'adopter ce plan d'attaque, et il fit quelques dispositions qui pouvaient faire croire qu'il s'occupait de son exécution. Il avait à Anvers la petite flottille du capitaine Moulston, officier américain au service de la France, qui avait aidé à la prise de la citadelle d'Anvers; elle était composée de l'*Ariel*, de 24 canons, d'un bricq de 14, et de trois chaloupes canonnières, portant du calibre de 24 livres; la quatrième ayant échoué, et étant hors d'état de servir. Il fit préparer ces bâtimens, et leur donna ordre d'aller mouiller sous le fort Lillo. Il ordonna qu'on construisît sur chaque canonnière un fourneau pour faire rougir les boulets ; il ordonna le ravitaillement et l'armement des deux forts de Lillo et de Liefkenshoeck, et de la citadelle d'Anvers. Il fit rassembler à Anvers tous les bâtimens hollandais arrêtés lors de la déclaration de la guerre dans les canaux de l'Escaut, pour les faire armer en brulots. Il eut l'air de vouloir tenter de mettre le feu à la flottille hollandaise, mouillée sous le fort de Batz, et de vouloir emporter de vive force ce fort, armé de 40 canons. Cette flottille se retira d'abord à Ramekens ; enfin, toutes ses vues, pendant plusieurs jours, semblèrent indiquer la Zélande, dont il laissa soupçonner que l'invasion aurait lieu à l'ouverture de la campagne.

Cependant il s'occupa tout entier de son projet, qui était très-simple, mais qui n'ayant jamais été tenté, devait paraître impraticable ; c'était d'avancer avec le corps d'armée qu'il rassemblait sur le Mordyck, en masquant les places de Bréda et Gertruydenberg sur sa droite, de Bergen-op-Zoon, Steenberg, Klundert et Williemstadt sur sa gauche, et de tenter le passage de ce bras de mer, qui est d'à-peu près deux lieues, pour arriver à Dort, où une fois débarqué il se trouverait dans le cœur de la Hollande, et ne pourrait plus rencontrer d'obstacles, en marchant par Rotterdam, Delft. la Haye. Leyde et Harlem, jusqu'à Amsterdam. Il prenait alors à revers toutes les défenses de la Hollande, pendant que le général Miranda, avec une partie de la grande armée, aurait masqué et bombardé Maëstricht et Venloo, et dès qu'il aurait su le général Dumouriez abordé à Dort, aurait laissé continuer le siége de Maëstricht par le général Valence, et aurait marché avec vingt-cinq mille hommes sur Nimègue, où le général Dumouriez l'aurait joint par Utrecht. Ce plan de campagne, exécuté avec rapidité, devait rencontrer très-peu d'obstacles, parce que le Stathouder n'avait ni une armée rassemblée, ni un plan de campagne arrêté, et parce que de tous les projets auxquels il pouvait avoir à s'opposer, celui-ci était le moins présumable; car c'était pour ainsi dire faire passer une armée *par le trou d'une aiguille.*

En cas de réussite, Dumouriez avait le projet, dès qu'il serait maître de la

Hollande, de renvoyer dans les Pays-Bas tous les bataillons de volontaires nationaux, de s'environner de troupes de ligne et de ses généraux les plus affidés; de faire donner par les États-Généraux, les ordres pour faire rendre toutes les places; de ne laisser faire dans le gouvernement que les changemens les plus indispensables; de dissoudre le comité révolutionnaire hollandais, à qui il annonça d'avance, qu'en cas de réussite, chacun d'eux, en supposant qu'il eût la confiance de ses concitoyens, entrerait dans les places d'administration de la Province dont il était; de préserver la République batave des commissaires de la Convention et du Jacobinisme; d'armer sur-le-champ à Rotterdam, en Zélande et dans le Texel, une flotte, pour s'assurer des possessions de l'Inde, et en renforcer les garnisons; d'annoncer aux Anglais une neutralité parfaite; de placer dans le pays de Zutphen et dans la Gueldre hollandaise, une armée d'observation de 30000 hommes; de donner de l'argent et des armes pour mettre sur pied 50000 hommes du pays d'Anvers, des deux Flandres et de la Campine, sur lesquels il pouvait compter; de restreindre l'armée française dans le pays de Liége; d'annuller dans toute la Belgique le décret du 15 décembre; d'offrir aux peuples de s'assembler comme ils voudraient à Alost, ou Anvers, ou Gand, pour se donner une forme solide de gouvernement, telle qu'elle leur conviendrait; alors de rassembler un certain nombre de bataillons belges, à 800 hommes chacun, qu'il comptait porter à 40000 hommes; d'y joindre de la cavalerie; de proposer aux Impériaux une suspension d'armes; s'ils la refusaient, il comptait, avec plus de 150000 hommes, les chasser au-delà du Rhin; s'ils l'acceptaient, il avait plus de tems et de moyens pour exécuter le reste de son projet, qui était, ou de former une république des dix sept provinces, si cela convenait aux deux peuples, ou d'établir une alliance offensive et défensive entre les deux Républiques belge et batave, si la réunion ne leur convenait pas; de former entr'elles deux une armée de 80000 hommes, jusqu'à la fin de la guerre; de proposer à la France de s'allier avec elles, mais à condition qu'elle reprendrait la Constitution de 1789, pour faire cesser son anarchie; et en cas de refus de marcher sur Paris avec les troupes de ligne françaises, et 40000 Belges et Bataves, pour dissoudre la Convention, et anéantir le Jacobinisme.

Tel est le projet, qui n'a été connu que de quatre personnes, qui paraîtra au lecteur une chimère, qui cependant a pensé réussir, et qui, d'après la disposition des esprits, et d'après tous les calculs de l'art, était immanquable, si les événemens les plus funestes, entièrement étrangers aux dispositions et à la conduite du général, n'avaient pas rompu toutes ses mesures, et ne l'avaient pas forcé de renoncer à ses espérances pour aller réparer les fautes de ses lieutenans, et sauver la grande armée, qui était sur le point d'être entièrement perdue. Ce projet, s'il eut réussi, eût terminé la guerre et sauvé la France.

CHAPITRE XVI.

Formation de l'armée. Ordres à la grande armée. Conseils au ministre de la guerre. Thowenot et Petit-Jean à Anvers. Ordres pour la levee des bataillons belges. Valence à Anvers. Emprunt. Manifeste.

LE plan une fois conçu, pour l'exécuter, il fallait tout créer. Il n'y avait à Anvers que deux faibles bataillons de gendarmerie nationale, d'environ 550 hommes chacun, la troupe la plus indisciplinée, la plus détestable pour la guerre, la plus dangereuse pour les généraux et pour les citoyens paisibles qui ait jamais existé. Ces féroces jannissaires avaient chacun 40 sols par jour, en argent, sans retenue; ils nommaient eux-mêmes leurs officiers, et commettaient tous les crimes. Le général, en les passant en revue, leur annonça très-sévèrement que s'ils continuaient à se permettre les désordres dont on les accusait, ou la moindre mutinerie, il les renverrait sur-le-champ en France.

Cette gendarmerie était composée des anciens Gardes Françaises. Il y avait en outre 150 hommes du vingtième régiment de cavalerie, et trois bataillons de gardes nationales, avec la légion Batave d'environ 2000 hommes, dont 200 à à cheval. Une douzaine de bataillons de gardes nationales, nouvellement levés, la plupart sans fusils, sans gibernes et sans souliers, étaient cantonnés dans les villes et villages de la Westflandre, et ne s'attendaient à entrer en campagne qu'au mois de mai.

Il n'y avait pas une pièce de canon de siége, pas un obusier, point de magasins, point d'argent, point de commissaire des guerres, ni commis d'aucune espèce. Il n'y avait cependant pas de tems à perdre. La précipitation avec laquelle la Convention nationale avait déclaré la guerre le premier février, avertissait les Hollandais qui préparaient leur défensive; pour peu que le général ne les prévînt pas par la plus étonnante célérité, l'attaque devenait impossible; s'ils avaient mis la même rapidité que lui dans leurs préparatifs, il eût certainement échoué.

Le général Miranda était resté pendant l'hiver à la tête de l'armée du Nord

Ce général était né au Pérou, homme d'esprit et très-instruit, sachant la guerre par théorie, mieux qu'aucun des autres généraux de l'armée, mais ne l'ayant pas pratiquée; son amitié intime avec Péthion l'avait fait entrer au service l'année précédente comme maréchal-de-camp; il était venu joindre le général Dumouriez en Champagne, au camp de Grandpré, s'était attaché à lui, et lui avait été fort utile dans les différentes attaques des Prussiens, et nommément à la retraite du 15 septembre, sur Ste.-Ménehould. Ce général avait un caractère bisarre, hautain et dur, qui le faisait universellement haïr; il ne savait pas mener les Français, qu'il faut toujours conduire avec gaieté et confiance.

Le projet du général n'était point de charger de Flers d'attaquer les places de la Flandre Hollandaise, qu'il n'aurait pas pu prendre, mais d'avoir ce petit corps à sa disposition pour remplacer dans la partie d'Anvers et de Bréda le corps d'armée qu'il allait conduire en Hollande. Ce petit rassemblement devait encore aider à tromper les Hollandais sur le véritable point d'attaque, sur-tout le général de Flers étant trompé le premier, et faisant des préparatifs très-ostensibles pour son expédition.

Le général n'avait pas encore un seul officier d'état-major, il les avait tous laissés à Liege, ainsi que les aides-de-camp ; il n'était accompagné que de son fidèle Baptiste. Il crut devoir laisser ses équipages et ses aides-de-camp à la grande armée, pour faire croire qu'il y retournait, il ne fit venir que quelques chevaux à Anvers, sous le prétexte de vouloir parcourir à cheval les cantonnemens de la Meuse. Pour son état-major, il fit venir quatres aides, et il choisit, pour en être chef, le colonel Thowenot, frère cadet du général du même nom. Cet officier, qui a toujours été l'ami de son général, est rempli d'honnêteté, de connaissances, de courage et de ressources. Il a été de la plus grande utilité au général pendant la campagne de Hollande, et depuis qu'ils ont l'un et l'autre abandonné l'armée.

Le général Thowenot était bien nécessaire à la grande armée. Lui seul connaissait bien les quartiers d'hiver et les détails de l'état-major ; lui seul pouvait concilier les généraux, qui s'entendaient mal entr'eux. On savait qu'il avait la confiance entière de Dumouriez ; on savait qu'il la méritait, on ne l'en aimait pas davantage ; mais il était respecté, et on jugeait que ses avis, étant d'accord avec les intentions de son général, devaient être regardés comme ses propres ordres.

Le commissaire ordonnateur Petit-Jean était seul à l'armée, pour pourvoir à tous les détails du siège de Maestricht, des cantonnemens entre la Méuse et la Roër, des quartiers d'hiver de toute la Belgique, des magasins de toute espèce à former. Il était fâcheux de le distraire de ces soins multipliés avant l'arrivée du commissaire ordonnateur Malus, qu'on retenait toujours à Paris, quoiqu'on eût promis au général de le lui rendre. Il se détermina à faire venir à Anvers le général Thowenot et le commissaire Petit-Jean ; et en deux jours il arrangea avec eux un corps d'armée et tous les ordres nécessaires pour son rassemblement, son armement, son équipement ; enfin, pour la mettre tout de suite en campagne.

Il fit venir de Liege le général la Bavette ; et le lieutenant-colonel la Martinière, pour former son train d'artillerie qui, à la vérité, était très-peu considérable. Ces deux officiers ont servi avec un zèle et une intelligence qui passent tout éloge.

Il remit au général Thowenot et au commissaire Petit-Jean, à leur départ, une instruction pour une levée uniforme de vingt-cinq bataillons Belges, à huit cents hommes chacun ; il en chargea les officiers-généraux, commandans dans les différentes provinces, et il en nomma inspecteur-général le général Thowenot ; il chargea Petit-Jean de leur habillement, de leur armement, de leurs revues, de leur solde, en conséquence d'un décret rendu par la Convention, qui mettait toutes ces troupes à la solde de la France. Jusqu'alors les provinces avaient projetté, ou exécuté arbitrairement des levées de légions, de régimens, de corps inégaux, surchargés d'officiers, qu'on payait sur la bonne foi d'un comité militaire Belgique, très-ignorant, très-frippon, gouverné par un général Rozière, ancien officier Français sans mérite, ni talens.

Le général Valence, en arrivant de Paris, passa par Anvers, pour venir prendre ses instructions. Dumouriez lui communiqua tout son plan, les ordres qu'il avait donnés à Miranda, ceux qui regardaient l'armée qu'il allait commander, pour protéger d'abord le siége de Maestricht, et pour le continuer ensuite, s'il n'était pas pris lorsque Miranda serait obligé de partir pour Nimègue. Il lui récommanda de visiter ses quartiers d'hiver et ceux de l'armée entière; d'indiquer un point de rassemblement; de veiller sur les mouvemens des ennemis, et de se disposer à les observer, et même à les combattre, s'ils tentaient de marcher au secours de Maestricht, comme on devait s'y attendre. Il lui recommanda sur-tout de faire diligence, et de se bien concerter avec Miranda. Il envoya en même-tems ordre au général La-Noue d'obéir au général Valence, à qui il recommanda de bien s'entendre avec le général Thowenot, qui ne pouvait que lui être infiniment utile.

Le comité des finances de la Convention Nationale, se méfiant des généraux, ou voulant les contrarier, avait ordonné que les trésoriers ne fourniraient aux troupes que la solde, sans assigner de fonds pour les autres dépenses, quoique les troupes fussent sans armes, sans habits, sans souliers.

Le trésorier de l'armée n'avait donc fait les fonds pour le corps de troupes destiné à l'expédition de la Hollande que pour la solde de quinze jours, et ces fonds ne montaient qu'à deux cents quarante mille livres. C'est tout ce qui a été mis en caisse pour l'expédition de Hollande, qui n'a même pas coûté cette somme, parce que l'armée a vécu aux dépens du pays. Il y avait cependant une quantité prodigieuse de dépenses accessoires à faire.

Malgré toutes les vexations des Français, toute la nation Belgique rendait justice au général Dumouriez. Aucune ville en Europe ne rassemble autant de riches capitalistes qu'Anvers. Depuis la destruction de son commerce les habitans ont suppléé à cette source de richesses par la plus stricte économie. Ils ne dépensent qu'une petite partie de leurs revenus, du surplus ils en font de nouveaux capitaux, qu'ils accumulent et augmentent tous les ans. Le général assembla les magistrats et les notables, et il ouvrit un emprunt de douze cent mille florins. Un négociant nommé Verbrouck, fut chargé de la recette, et le commissaire ordonnateur Petit-Jean, fut chargé de donner tous les ordres pour l'emploi de ces fonds. Cet emprunt a produit deux cent mille florins, qui ont été une ressource très-précieuse. Ils ont servi à habiller et armer la légion du Nord, les hussards de la République et plusieurs autres corps Français ou Belges. Le général Dumouriez qui n'a pas même eu le tems de voir le détail de l'emploi de cet emprunt, et qui était en Hollande pendant qu'on le percevait, et qu'on l'employait, a encore été calomnié à cet égard. On a dit aux Jacobins, et depuis à la Convention, qu'il avait mis cet emprunt dans sa poche. Un homme occupé d'aussi grands intérêts que ceux qui l'agitaient, ne pense guère à l'argent.

Il publia avant d'entrer en Hollande, un manifeste qui, avec beaucoup de raison, a choqué la maison d'Orange. Cette pièce, dans une guerre ordinaire, eût été très-déplacée, quoique l'histoire nous accoutume à voir ordinairement précéder les hostilités entre les peuples les plus civilisés, par des injures et des accusations mutuelles. Mais on aurait tort d'attribuer au caractère moral du général Dumouriez, ce que lui imposait son caractère public. Il s'agissait d'encourager un parti très-consirable,

que

que ces malheurs précédens avaient rendu timide; il s'agissait d'abattre le courage et l'espoir des partisans du Stathouder; il était nécessaire de séparer la nation de sa cause, et de la lui rendre personnelle; cela était même strictement juste; car la nation Hollandaise ne desirait pas la guerre, elle la craignait même comme très-contraire à ses intérêts. C'est donc une pièce de circonstance qui, d'ailleurs le mettait à l'abri d'être censuré et poursuivi trop vivement par la Convention Nationale, dont il avait tout à craindre, jusqu'à ce qu'il fût parvenu à pénétrer en Hollande.

Non-seulement tous ces préparatifs furent faits, mais l'armée fût prête en dix jours, et les premières colonne entrèrent le 17 sur le territoire Hollandais. Ce qui était le plus important, c'était de cacher à tout le monde la faiblesse de ce corps de troupes, le général s'y appliqua, et réussit si bien, que les troupes elles-mêmes ne se croyaient pas moins fortes que de trente mille hommes. Quant aux Hollandais, ils ont toujours cru avoir à faire à une armée très-considérable, et ceux des habitans d'Anvers qui leur donnaient des nouvelles, les confirmaient dans cette fausse opinion en exagérant le nombre de ces troupes, qui passaient au travers de la ville.

CHAPITRE XVII.

Rassemblement de l'armée. Sa force. Premiers mouvemens. Rencontre de l'ambassadeur de Suède. Prise de Breda, Klundert, Gertruidenberg. Siége de Williemstadt. Blocus de Bergen-op-zoom, Steenberg. Sommation d'Heusden. Le général au Mordyck. Préparatif pour le passage par le Mordyck et Roowœert. Second projet par Gertruidenberg. Le général reçoit ordre de partir, quitte son armée. Instruction qu'il laisse au général de Flers.

L'ARMÉE fut rassemblée le 17 en avant d'Anvers sur le territoire Hollandais, depuis Bergen-op-zoom jusqu'à une lieue de Bréda, dans des cantonnemens serrés où elle eut ordre de se maintenir; elle attendit là son artillerie; et le général qui avait beaucoup de choses à régler, tant pour son expédition que pour ce qui regardait la grande armée de la Meuse, et les affaires

Pays-Bas, fut obligé de rester à Anvers jusqu'au 22, et n'en put partir que ce jour là avec l'artillerie et les dernières colonnes.

Cette armée était composée de vingt-un bataillons, dont deux seulement de troupes de ligne, le quatre-vingt-dixième régiment, ci-devant Conti, qui n'avait pas fait la guerre, et la gendarmerie nationale. Ces vingt-un bataillons au complet auraient fait de 12 à 14 mille hommes, mais il n'y en avait pas dix mille sous les armes. Trois bataillons de volontaires avaient fait la campagne précédente en Flandre, tous les autres étaient de nouvelle levée, la plupart des enfans de treize à seize ans. Il n'y avait que huit bataillons qui eussent du canon. La cavalerie consistait en cent hommes excellens du vingtième régiment de cavalerie, cinquante dragons du sixième régiment, le huitième régiment de hussards, formant à peu-près trois cents hommes mal armés, mal montés et de nouvelle, levée cent hussards Belges assez bons, quatre-vingts dragons Bataves et trois cents hommes à cheval de la légion du Nord, comandée par le colonel Westermann, de nouvelle levée et très-indisciplinée. Cela formait environ mille chevaux. Les troupes légères consistaient en trois bataillons Bataves, qui ont fort bien servi, faisant à peu-près 1500 hommes, environ 1000 Belges levés à Bruges et a Gand, dont 200 dragons à pied, et l'infanterie de la légion du Nord, d'a-peu-près 1200 hommes très-pillards et médiocres soldats; enfin cette armée qui, au complet aurait pu monter à 18000 hommes, formait en totalité un corps de 13700 combattans. Son artillerie consistait en quatre pièces de douze, huit de huit, quatre mortiers de dix pouces, vingt petits mortiers pour des grenades, et quatre obusiers.

Le général divisa cette petite armée en quatre parties. Une avant-garde composée de deux bataillons de gardes nationales, deux bataillons Bataves, le corps des Belges, une partie de la légion du Nord, les cinquante dragons du seixième régiment et les quatre-vingt dragons Bataves; enfin la cavalerie de la légion du Nord; elle était commandée par le général Berneron. La division de droite, commandée par le général d'Arçon, ayant sous lui le colonel Westermann, était composée de neuf bataillons de gardes-nationales et des deux bataillons de gendarmerie, qui ne comptaient que pour un, avec la moitié des hussards de la République. La division de gauche, commandée par le colonel le Clerc, chef du régiment de Bouillon, que le général avait fait venir de la grande armée, était pareillement composée de neuf bataillons, dont un de troupes réglées et de 150 hussards de la République; il est à noter que ce régiment de hussards, faute de chevaux et d'armes était resté en arrière, qu'il n'a rejoint qu'à Bréda en très mauvais ordre, et que le général a été obligé de casser le colonel, nommé Dumont, qui était un tailleur de Lille, imbécille, ivrogne et frippon, mais grand Jacobin; il donna ce régiment au lieutenant-colonel Morgan, un de ses aides-de-camp. L'arrière-garde, commandée par le colonel Tilly, un des aides-de-camp du général, était composée d'un bataillon de gardes-nationales, d'un bataillon Batave, de 200 Belges, de 100 hommes du vingtième régiment de cavalerie et de 100 hussards Belges. Le général attacha à chacun de ces quatre corps une petite division d'artillerie.

C'est avec cette armée que le général entreprit la conquête de la Hollande, parce qu'il savait qu'il y avait un parti puissant, qui l'attendait avec impatience et qui devait se déclarer à mesure qu'il entrerait dans le pays. Il n'eut ni le tems, par la rapidité de ses mouvemens, ni le moyen, faute d'officiers à la tête des corps, d'organiser cette armée, et de lui donner de la discipline et de l'ensemble. Mais elle était pleine d'ardeur et de confiance; l'expédition à laquelle il la menait était un coup de main très-convenable au génie de la nation. Le général prévint ses troupes de la rigueur du climat, de la quantité de places fortes à prendre, entourées d'inondations, de canaux, de bras de mer à traverser, mais en leur peignant tous ces obstacles, il leur annonçait qu'une fois arrivés en Hollande, ils trouveraient en abondance des amis, des vivres, des armes, des habits et de l'argent.

Le soldat Français est très-spirituel, il faut raisonner avec lui, et dès que son général a le bon esprit de le prévenir sur les obstacles qu'il rencontrera, il ne pense plus qu'à les vaincre, et il s'en fait un jeu. Si au contraire on lui cache ses dangers, il s'étonne en les appercevant, et une fois que le découragement le presse, ou plutôt le dégoût de ce qu'on veut lui faire faire, la méfiance s'en mêle, il devient presqu'impossible de le rallier et d'en tirer aucun parti.

Le général avait fait partir le 16 le général Berneron avec l'avant-garde, il lui avait annoncé qu'il serait soutenu par échelons par le corps d'armée. L'instruction qu'il lui avait donnée par écrit lui prescrivait, 1°. d'envoyer sur-le-champ un corps détaché de 800 hommes d'infanterie et 100 de cavalerie, commandé par le lieutenant-colonel Daendels, Hollandais, au Mordyck, pour y arrêter tous les bateaux, ainsi qu'à Swaluffie et à Roowaert et les garder ; 2°. d'établir son avant-garde sur la petite rivière de Merck, depuis Oudenbosch et Sevenbergen jusqu'à Bréda ; 3°. d'établir un pont sur la Merck, pour se donner une communication assurée avec le lieutenant-colonel Daendels, et pouvoir le soutenir contre les sorties des garnisons voisines.

Il y avait dans Bergen-op-zoom, Gertruydemberg et Bréda trois régimens de dragons, qui étaient plus forts que toute la cavalerie du général, et assez d'infanterie pour le soutenir. Il est certain que s'ils se fussent réunis, et qu'ils eussent été joints par la cavalerie de Bois-le-duc et Heusden, ils auraient suffi pour replier l'avant-garde, et faire échouer l'expédition ; mais le général Dumouriez savait qu'il n'y avait pas un seul général Hollandais chargé de la défense du pays, qui pût rassembler cette cavalerie; et il était sûr, que n'y ayant pas un plan de défense générale, chaque commandant de place ne pensant qu'à lui, ne voudrait compromettre extérieurement aucune partie de sa garnison, contre une armée que chacun d'eux croyait très-forte, et qui paraissait, par l'étendue de son cantonnement menacer par plusieurs villes à la fois. Chaque commandant ne s'étant pas attendu à une attaque aussi prompte et dans cette saison, était assez embarrassé à travailler à mettre sa place en état de défense.

Le général, en arrivant le 22 à son premier cantonnement, fut étonné et affligé de voir que ses ordres n'avaient point été exécutés, qu'aucune partie de l'avant-garde n'avait encore passé la Merck, ce qui avait donné le tems aux Hollandais de retirer tous les bateaux de Mordyck vers l'autre bord, du côté de Dort, sous la protection de trois bâtimens gardes-côtes, qu'ils fesaient stationner dans ce passage. Cette première faute lui rendait le passage plus difficile et presqu'impossible, s'il ne trouvait pas d'autres bateaux pour remplacer ceux sur lesquels il avait compté.

Il poussa sur-le-champ en avant Berneron et Daendels. Il ordonna au général d'Arçon avec la division de droite de bloquer Bréda, et au colonel le Clerc avec la division de gauche de bloquer par un cantonnement serré Bergen-op-zoom et Steenberg. Les commandans de ces deux dernières places abandonnèrent tous les dehors; le colonel le Clerc s'empara du petit fort de Blaw-Sluys en avant de Steenberg, et fit sommer le commandant. Celui de Bergen-op-zoom hasarda deux ou trois petites sorties, qui ne produisirent que quelques déserteurs, qui vinrent s'engager dans les Bataves.

Le général avec son arrière-garde s'avança entre les deux divisions de son armée à Sevenbergen, et il porta devant lui l'avant-garde dans la partie du Princeland, où sont les deux places de

Klundert et Williemstadt, qu'il lui ordonna d'assiéger, et il ordonna que le lieutenant-colonel Daendels se portât au Nord-schantz, pour couper la communication entre Williemstadt et Klundert: cet officier y trouva trois petits bâtimens pontés qu'il garda, pour exécuter quand il en serait tems, la partie de l'entreprise dont il était personellement chargée. Le général avait nommé colonels Mrs. Koch et de Nyss; le premier, plein d'audace et d'éloquence, devait accompagner Daendels; le second, plein de sagesse et de courage, devait rester auprès de lui.

Il ne se dissimulait pas la difficulté du passage du Mordyck, et voici dans le premier projet comment il comptait l'éxécuter. D'après l'instruction donnée au général Berneron, Koch et Daendels devaient dès le 17 se trouver au Mordyck avec 900 hommes, soutenus par toute l'avant-garde placée sur la Merck. Ils devaient y ramasser tous les bataux qu'ils auraient trouvé sur la côte. Dès le 21 ou le 22 au plus tard, ils devaient, en s'entassant dans ces batteaux pour un passage d'a-peu-près deux lieues, aborder à l'isle de Dort, entrer dans la ville, sur laquelle ils comptaient, désarmer ou joindre à eux à-peu-près 250 hommes qui y étaient en garnison avec l'aide des habitans, qu'ils espéraient faire déclarer, et amener de Dort au Mordyck plus de 100 bâtimens pontés, qui s'y trouvaient tout gréés, en mettant du canon sur trois ou quatre des plus forts, qui feraient l'avant-garde, pour chasser les trois petits bâtimens gardes-côtes, qu'ils prétendaient même tenter d'enlever à l'abordage, ces bâtimens, étant très mal armés et très-faibles d'équipages. L'armée alors devait arriver à Sevenbergen, Oudenboseh et Mordick et Swaluwe, et devait passer en une ou deux divisions, protégée par son arrière-garde, qui aurait coupé le pont de la Merck, pour en défendre le passage contre les garnisons qui auraient pu sortir pour l'inquiéter. Une fois trois ou quatre mille hommes passés, le pont était fait, une fois l'armée à Dort, il n'y avait plus d'obstacle à craindre.

Le jour que le général quitta Anvers, il eut à souper dans un village, le baron de Staël, ci-devant ambassadeur de Suède en France, qui allait à Paris, et qui lui apprit que toute la partie de l'Allemagne et de la Hollande qu'il venait de traverser, lui souhaitait les plus grands succès, et qu'on l'attendait à Utrecht, où son logement était préparé. Il lui confirma ce que le général savait déjà, que la plus grande consternation régnait dans le parti Stathoudérien. Sans vouloir pénétrer le secret de son voyage, le général lui conseilla d'attendre le succès de son expédition, avant de s'ouvrir avec le ministère de France, pour ne pas compromettre sa cour, et se faire désavouer; et dans tous les cas, de ne dire à Paris que ce qu'il voudrait bien qui fût imprimé et su de tout le monde. Ce ministre l'assura qu'il n'allait que pour ses affaires particulières. Le général, avant son départ d'Anvers, avait donné le même conseil à un personnage très-important de la Pologne, qui était pareillement venu le voir. Sa maxime était de compromettre le moins qu'il pouvait les nations étrangères avec un ministère esclave d'une assemblée de 700 factieux, qui n'avaient ni expérience, ni justice, ni discrétion.

Le premier plan du général avait été totalement dérangé, par la négligence que les commandans de l'avant-garde avaient apporté dans l'exécution de sa première instruction. Il ne perdit cependant pas l'espoir de réussir, mais il fit de nouvelles dispositions. Il avait trouvé dans les canaux, entre Oudenbosch et Sevenbergen 25 bateaux pontés, depuis 20 jusqu'à 70 tonneaux. Il chargea un commissaire des guerres, nommé Boursier ; homme zélé et intelligent, de les faire arranger pour porter 1200 hommes. Quatre devaient porter du canon et faire l'avant-garde de cette flottille. Il ordonna la levée de tous les charpentiers et de tous les matelots des petits ports des environs, il assigna à ces hommes une forte paye sur les fonds que le comité Hollandais prélevait sur les biens appartenans en propre au prince d'Orange et à ses partisans connus.

Depuis son entrée en Hollande, l'armée ne coûtait plus que sa solde. Le pays fournissait gratuitement les vivres et les fourrages, les habitans offraient et donnaient de l'argent pour favoriser le succès de l'expédition. Jamais armée n'a été reçue avec plus de cordialité, et jamais soldats n'ont moins mérités une réception aussi amicale, car les gendarmes et les troupes légères se permettaient tous les crimes. Il n'en était pas de même des troupes de ligne et des gardes nationales, qui se sont toujours conduits avec honneur et humanité.

Comme la préparation de la flottille demandait du tems, le général fit encore un autre changement dans sa première disposition. D'après son premier projet, il ne devait que masquer les places fortes et se glisser, pour ainsi dire, entr'elles, pour aller s'embarquer sur le champ au Mordyck. Alors il avait le tems d'insulter ces places, et il comptait assez sur la faiblesse et l'inexpérience des commandans et des garnisons, pour espérer d'en enlever au moins une, ce qui devait donner un grand relief à ses armes, et lui procurer de l'artillerie et des munitions, dont il était assez mal pourvu.

Il ne voulait point faire de siège en règle. 1o. Parce qu'il aurait fallut, pour le pousser, rassembler en un seul point sa petite armée, dont l'ennemi aurait bientôt connu la faiblesse ; 2o. parce qu'il n'aurait plus été le maître de la campagne, et qu'il eut été alors très-facile aux garnisons des places qui auraient été libres, de revenir de leur étonnement, de se mettre en campagne, de lui couper sa communication avec Anvers, et d'aller chasser ses travailleurs et détruire sa petite marine, sa seule espérance. Ainsi sans rien déranger à la première disposition des cantonnemens, en continuant de faire bloquer par le colonel Leclerc, Berg-op-zoom et Steenberg, il ordonna au général d'Arçon d'attaquer Bréda, et il fit en même tems attaquer Klundert par son avant-garde.

Bréda est une place renommée pour sa force, elle était garnie de 200 pièces de canon, bien palissadée et couverte par une inondation. Deux mille deux cents hommes d'infanterie et un régiment de dragons défendaient la place; mais le gouverneur, le comte de Byland, était homme de cour, et n'avait pas fait la guerre. Les troupes prenaient leur pain chez le boulanger, leur viande chez le boucher, et n'avaient point de magasins. Les places Hollandaises, pour la plupart, sont couvertes d'inondations et hérissées d'ouvrages extérieurs, mais beaucoup manquent de cazemates. Les habitans, quoique sujets particuliers du prince, étaient fort attachés à la faction contraire. Le général d'Arçon, sans ouvrir de tranchée, deux batteries de 4 mortiers et 4 obusiers très-près de la place, du côté du village de Hage. Les ennemis répondirent par un feu très-vif pendant trois jours. Le quatrième, il ne restait plus que 60 bombes au général d'Arçon, il allait être forcé de lever le siège, après les avoir tirées, lorsque le colonel Philippe de Vaux, aide-de-camp du général Dumouriez, qui entrait pour la seconde fois dans la place, pour réitérer la sommation, ayant annoncé au comte de Byland, que le général Dumouriez allait arriver avec toute son armée, et qu'alors il n'y aurait aucun quartier à espérer, détermina le gouverneur, de l'aveu de tous les officiers de sa garnison à capituler. On lui accorda les honneurs de la guerre et tout ce qu'il voulut. Les Français entrèrent dans la place, qui n'était point du tout endommagée, n'y ayant eu que quelques maisons offensées par nos bombes. On y prit 250 bouches à feu, près de 300 milliers de poudre et 5000 fusils de munition, dont nous avions grand besoin. Ce siège n'avait pas coûté 20 hommes des deux côtés. Les Français poussaient la témérité jusqu'à aller danser la *carmagnole* sur les glacis, du côté qui n'était pas inondé. Trente dragons de Byland firent une sortie sur les danseurs, en sabrèrent quelques-uns, et rentrèrent dans la place avec six prisonniers, ayant perdu quelques hommes et quelques chevaux. L'armée assiégeante était de 5000 hommes, dont encore à-peu-près 1200 détachés, s'emparèrent de plusieurs forts, postés sur les écluses, du côté d'Heusden.

Klundert fut pris deux jours après. C'est un petit fort très-régulier, au milieu d'un terrain inondé. Il fut défendu très-vigoureusement, mais sans beaucoup d'intelligence, par un brave lieutenant-colonel Westphalien, qui n'avait que 150 hommes de garnison. Berneron avait établi une batterie de quatre canons et quantité de petits mortiers derrière la digue même d'inondation, à 150 toises de la place, de sorte que toutes les maisons de la petite ville de Klundert étaient percées à jour : le commandant n'ayant plus aucun abri, après avoir répondu pendant plusieurs jours à ce feu, par un feu aussi violent, mais sans effet, prit le parti d'enclouer ses canons, et de tâcher de se sauver dans Williemstadt avec sa garnison. Il fut coupé en chemin par un détachement Batave, commandé par le lieutenant-colonel Hartmann, à qui il brûla la cervelle, mais il eut aussi-tôt le même sort. On le rapporta mort à Klundert, et on trouva les clefs de la place dans sa poche ; on fit la garnison prisonnière. On trouva dans la place 55 pièces de canon, quelques mortiers, beaucoup de bombes et de boulets, et à peu près 80 milliers de poudre. Le général donna ordre à Berneron d'aller sur le champ assiéger Williemstadt ; on remit 10 pièces de l'artillerie de Klundert en état de servir, et c'est avec les munitions de cette petit place que le général Berneron a entrepris le nouveau siège.

Le général ordonna pareillement au général d'Arçon d'aller assiéger Gertruydenberg. Cette place est petite et assez mauvaise du côté de Ramsdonek, n'ayant par-là qu'une simple enceinte derrière la rivière, et étant dominée ; mais sur la rive gauche de la Donge, elle est couverte d'une bonne inondation et de deux rangs d'ouvrages extérieurs très-forts, et qu'on n'aurait pas pris en trois semaines, s'ils avaient été défendus avec vigueur et intelligence

La garnison était composée du régiment de Hirtzel de 8 à 900 hommes, et du superbe régiment des dragons, gardes du Stathouder. Le gouverneur était un vieux général-major octogénaire, nommé Bedault. Le général d'Arçon amena devant cette place quelques pièces de canon et quelques mortiers de Bréda. Tous les ouvrages extérieurs furent emportés ou abandonnés dès le premier jour. D'Arçon en mit deux ou trois pour monter des batteries; dès qu'elles furent prêtes, après quelques coups de canon échangés, le colonel de Vaux entra dans la place, la capitulation fut bientôt arrangée, les honneurs de la guerre accordés; le général Dumouriez arriva sur ces entrefaites, alla dîner avec le vieux général Bedault, qui lui avoua qu'il s'était rendu, parce qu'il avait envain attendu qu'on lui envoyât de Dort, ou de Gorcum, des bâtimens pour évacuer la place par eau. Il était tombé quelques bombes dans la ville, dont une sur sa maison.

Pendant le dîner on vint avertir le gouverneur, que la capitulation était violée par l'insolence d'un lieutenant-colonel de gardes nationales ivre, qui voulait entrer dans la ville malgré les gardes, et qui avair voulu tirer un coup de pistolet au lieutenant-colonel du régiment d'Hirtzel. Le général Dumouriez se fit amener cet ivrogne, lui arracha son épaulette, et le fit soldat, au grand étonnement de tous les officiers de la garnison, qui intercédaient pour qu'il lui fît grace.

Le général causa beaucoup avec cette garnison, qui était très-belle, et il se souviendra toujours de ce que le lieutenant-colonel du régiment d'Hirtzel, se promenant avec lui sur la place, lui dit : *hodie mihi, cras tibi*. Le bon Suisse était prophête. Cette nouvelle conquête nous donna encore plus de 150 bouches à feu, 200 milliers de poudre, beaucoup de bombes et de boulets, 2500 fusils neuf; et ce qui était bien plus essentiel, un bon port, et plus de 30 bâtimens de transport de toutes grandeurs; on en avait encore pris 5 à Bréda.

Nous n'étions encore que dans les premiers jours de mars. Pendant ces sièges le général se tenait au Mordyck, pour être au centre de ses opérations; de-là il veillait sur les sièges qui se faisaient à sa droite et à sa gauche, et sur sa marine. Le commissaire Boursier, avec des peines incroyables, avait trouvé moyen d'armer 23 bâtimens, qui avaient des vivres à bord pour 1200 hommes. Il les avait fait descendre par le canal de Sevenberg à Roowaert, qui est une petite anse à un quart de lieue à l'ouest du Mordyck.

Le jour que le général avait établi son quartier dans ce village avec 100 chasseurs Bataves et 50 dragons, il avait été canonné toute la journée par les trois bâtimens gardes-côtes : ayant placé des chasseurs le long de la digue, il avait tué à un de ces bâtimens un gabier dans les hunes, et un patron de chaloupe, ce qui les avait forcés de s'éloigner. Peu de jours après il avait fait venir de Bréda 12 pièces de 24 et des munitions, et il avait établi plusieurs batteries, dont une à Roowaert, pour protéger la sortie de sa flotille, les autres au Mordyck, pour protéger l'embarquement. Il s'était assuré que son canon portait à plus de mi-canal; effectivement, les bâtimens armés ne s'approchaient plus de la côte occupée par les Français.

Il fit pratiquer des huttes couvertes en paille le long des Dunes, depuis

Roowaert jusqu'à Swaluwe ; le soldat y était gai, mais impatient de passer à l'autre bord. Le général leur disait en plaisantant qu'ils ressemblaient à des castors, et ils appellaient ce cantonnement aquatique le camp des castors. Les vivres ne manquaient pas, les eaux mêmes n'étaient pas mauvaises, et on leur distribuait de l'eau-de-vie tous les matins. A la vérité, le général leur donnait l'exemple de la constance, et n'était pas beaucoup mieux logé qu'eux.

C'est dans cette expédition qu'il s'est fait à lui-même un système de guerre pour les pays inondés. On peut au moyen des digues cheminer dans toute la Hollande, au travers des inondations, conduire l'artillerie, établir les batteries très-près des places, ou des ouvrages qu'on veut attaquer, à moins que l'ennemi n'ait des bateaux armés, auquel cas il faut lui en opposer.

Il avait parmis ses bataillons de volontaires, des Gascons, des Bretons, des Normands, des Dunkerquois qui avaient navigué : il se procura ainsi 4 à 500 matelots, en leur donnant 20 sols par jour au-delà de leur paye. La flottille de Roowaert devait porter son avant-garde. Un marin Anglais et un lieutenant de marine Hollandaise avec des pilotes côtiers devaient diriger ses manœuvres. Cependant tous ces retards avaient donné le tems aux Hollandais, d'augmenter considérablement leur marine dans le Bisbos, qui est la petite mer du Mordyck, elle était déjà de 12 bâtimens armés, dont un de 20 canons. Ces bâtimens étaient très-bien disposés pour se correspondre et se secourir. Mais le général, soit qu'il passât avec le Flot ou avec le Jusant, ayant un vent fait, avait calculé qu'il n'aurait à combattre que la moitié au plus de cette flottille, celle qui serait au vent, et que celle sous la vent ne pourrait rien faire.

Les Hollandais avaient aussi établi quelques batteries au *Stry* et le long de l'île de Dordt, où on disait qu'on avait fait passer 1200 hommes des gardes Anglaises, qui débarquèrent dans cet intervalle à Helvoet-Sluys. Mais ce qui prouvait au général qu'on n'avait pas encore de certitude de son projet, c'est que tous les apprêts de la grande défense du prince d'Orange, étaient à Gorcum, où se réunissait l'armée pour s'opposer à sa marche. Cette armée était encore peu considérable, et le renfort des Anglais et des émigrés ne l'augmentait pas de 4000 hommes.

Cependant pour continuer à dérouter l'ennemi sur son projet, il faisait continuer le blocus de Bergen-op-zoom et de Steenberg. Le général de Flers était revenu de Paris et avait obtenu un renfort qui était arrivé avec promptitude. Le général lui ordonna de venir occuper avec 6000 hommes les cantonnemens du colonel le Clerc, à Rosendael et autour de Bergen-op-zoom, ce qui fut très-rapidement exécuté. Il rapprocha la division de gauche à Oudenbosch et Sevenbergen. Il envoya par sa droite la gendarmerie nationale avec quelque cavalerie, montrer une tête du côté d'Hensden. Un lieutenant-colonel de cette gendarmerie somma cette place, en traitant assez ridiculement le gouverneur de *Citoyen Commandant*, au lieu de *Monsieur*.

Le siège de Williemstadt continuait toujours et allait fort mal. Le général Berneron avait commencé son attaque de trop loin, consumait beaucoup de munitions, et ne faisait aucun progrès. Cette place n'est attaquable que par un front fort étroit; les Hollandais la rafraîchissaient

chissaient par mer. Le général y envoya Dubois-de-Crancé, ingénieur d'un grand mérite, bien différent de son indigne frère, membre de la Convention Nationale; il lui joignit un capitaine du même corps, nommé Marescot. Ces deux bons officiers voulurent rapprocher les batteries, ils en tracèrent une à 200 toises de la place; et comme ils étaient occupés à la construire, ils furent abandonnés par leurs soldats et massacrés par leurs ennemis, qui firent une sortie sur les travailleurs. Cependant Berneron s'y entêta encore, et ne leva le siège qu'après le départ du général.

Dumouriez avait trouvé à Gertruydenberg une marine très-considérable; il voulait en tirer parti et augmenter ses moyens de passage. Il avait à Roowaert assez de bâtimens pour son avant-garde : maître de Bréda, Klundert et Gertruydenberg, il n'avait plus rien à craindre d'être inquiété sur ses derrières, puisqu'il laissait derrière lui le corps d'armée du général de Flers pour continuer le blocus de Steenberg et Bergen-op-zoom; il avait donc rapproché son arrière-garde, et l'avait cantonnée à Swaluwe, où il y avait quelques barques qui devaient servir à la passer. Il fit le projet de se servir des bâtimens de Gertruydenberg pour embarquer sa division de droite.

Le passage de Gertruydenberg à l'isle de Dordt est un peu plus long que celui du Mordyck. A la droite, et même en avant de ce port, le *Bisbos* est rempli de bas-fonds et d'un archipel de petites isles détachées du continent de Gorcum, dont la plupart sont couvertes d'arbres et de taillis. On y aborde par des canaux serpentans dans ces isles. La marine Hollandaise ne pouvait pas en approcher, n'y ayant pas assez d'eau. Ils avaient cependant placé dans différens points trois barques, armées chacune de quatre canons et de trente hommes d'équipage. En dehors de ces isles, dont plusieurs sont couvertes d'eau à la haute mer, il y en avait une plus élevée, sur laquelle était une petite ferme avec une canardière, appartenant à un habitant de Gertruydenberg. Cette petite isle que les gros bâtimens armés des Hollandais ne pouvaient approcher que de 7 à 800 toises, n'était séparée de l'isle de Dordt que par un canal d'environ 600 toises. Sur le rivage opposé de l'isle de Dordt, était une batterie de six pièces de canon, dans un terrain bas et fangeux; sous cette batterie mouillait un bâtiment de quatorze canons.

Le général fit le projet de faire passer dans cette isle six pièces de canon de 24 et deux bataillons; d'y établir une batterie pour déloger la frégate, qui ne pouvait avoir que du petit calibre; de faire suivre les bâtimens les plus légers de Gertruydenberg, remplis de troupes, et de passer par-là avec sa division de droite. Comme on pouvait être forcé de combattre, pour arriver dans l'isle, un des bateaux de quatre canons stationnés dans les canaux, on destina plusieurs grandes chaloupes remplies de soldats choisis, pour l'abordage, et on fit placer deux canons sur le pont de deux bâtimens qui devaient faire l'avant-garde de la flottille, et qui devaient être commandés, l'un par un officier de marine Anglais, nommé White, et l'autre par le lieutenant colonel la Rue, aide-de-camp du général, qui avait servi sur mer. Tout fut préparé avec tant de célérité, que le passage devait se tenter dans la nuit du 9 au 10. Mais la destinée avait arrangé loin de là des évènemens qui ont anéanti tous ces projets, et qui ont remplacé ces premiers succès par un enchaînement de malheurs, qui se sont suivis avec la même rapidité, et qui ont décidé le sort de la guerre.

Le général, au milieu de ses projets et de ses succès rapides, était livré aux plus vives inquiétudes depuis les premiers jours de mars. Le général Miranda avait commencé le siège de Maëstricht le 20 février, mais quoiqu'il eût réussi à mettre le feu dans plusieurs quartiers de cette ville, elle se défendait par le secours des émigrés qui s'y trouvaient rassemblés en grand nombre, conduits par M. d'Autichamp, excellent lieutenant-général de l'armée de Condé, auquel les Hollandais doivent à ce qu'on dit, le salut de cette place.

Le général Champmorin s'était emparé sans opposition du fort de Stevensvvert sur la Meuse, et du fort St. Michel, qui forme sur la gauche de cette rivière la tête de pont de Venloo ; le général n'avait pas pu occuper cette ville, ayant été prévenu par les Prussiens qui s'y étaient établis.

Le général Valence, quoiqu'avec des talens, n'avait pas encore acquis assez d'autorité sur les troupes pour suppléer entièrement à l'absence de Dumouriez. Il restait à Liége, et les quartiers d'hiver n'avaient été ni levés, ni rapprochés. Les généraux étaient en mauvaise intelligence.

Le général Stengel occupait les quartiers autour d'Aix-la-Chapelle. C'était un excellent officier de troupes légères et très-en état de commander une avant-garde. Le général Dampierre commandait dans Aix-la-Chapelle, où il s'occupait de plaisirs et de rapines. C'était un fou ambitieux, sans talens, audacieux jusqu'à la témérité, et en même tems timide par ignorance; d'ailleurs ennemi de tous ses supérieurs, et machinant avec les Jacobins de Paris pour les calomnies, dans l'espoir d'être fait général en chef.

Le prince de Cobourg, qui était arrivé à Cologne, connaissant les désordres et la désunion des chefs, et la mauvaise disposition des troupes Françaises, rassembla son armée et marcha sur Aldenhoven, par où il pénétra sans obstacle. Tous les quartiers se replièrent sur Liége dans la plus grande confusion, et sans combat. Le général le Veneur, qui commandait l'attaque de

13

Maëstricht du côté de Wych, eut le tems et le bonheur de retirer son canon et de repasser la Meuse. Les Impériaux entrèrent sans difficulté dans Maëstricht. Miranda pouvait encore continuer à la bombarder par la rive gauche de la Meuse, réunir son armée dans une position respectable, entre Tongres et Maëstricth, et arrêter là le prince de Cobourg.

C'est ce que lui ordonna le général Dumouriez sur la première nouvelle qu'il reçut de ce désastre. Ce fut aussi l'avis du général Valence, qui peu de jours après sauva une colonne de vingt-sept bataillons, qui se retiraient de Liège, en exécutant lui-même une charge vigoureuse de cavalerie, dans la plaine de Tongres. Le lieutenant-général la Noue avait montré la plus grande bravoure dans la retraite d'Aix-la-Chapelle.

Miranda perdit la tête. Il prit sur lui d'ordonner d'abandonner la Meuse. Les Impériaux suivirent leur victoire, passèrent la Meuse, entrèrent dans Liège, où ils prirent les magasins que les Français commençaient à rassembler, surtout pour leur habillement. La consternation était si grande dans cette armée, qu'excepté la grosse artillerie, qui fut emmenée à Louvain, et de là à Tournay, rien ne fut sauvé, pas même les bagages des troupes. Les deux généraux réunirent leurs forces dans le camp de Louvain.

Champmorin, qui ne pouvait plus se soutenir sur la rive gauche de la Meuse, évacua Stewenswert et le fort St. Michel, où il aurait dû laisser des garnisons, et se retira sur Diest, ainsi que le général Lamarlière, qui était à Ruremonde. Cette retraite laissait les Prussiens maîtres de la Basse-Meuse. Ils pouvaient traverser la Campine, et venir tomber par Anvers, ou par Bois-le-Duc sur les derrières de l'armée qui opérait en Hollande. Le prince Frédéric de Brunswick perdit un tems précieux, dont le général Dumouriez profita ensuite pour mettre cette partie à couvert.

L'armée était entièrement découragée, elle s'en prenait à ses officiers généraux, sur-tout à Miranda, qui courut même des risques. Cependant le général Valence, aidé du général Thowenot, parvint à remettre un peu d'ordre, mais la désertion fut énorme. Plus de dix mille hommes se retirèrent jusqu'en France. L'armée demandait à grands cris le général Dumouriez. Les commissaires de la Convention lui envoyaient courier sur courier pour le faire revenir. Il mandait toujours qu'on pouvait tenir dans la position de Louvain, où on avait rassemblé l'armée, et qu'il n'y avait encore rien de perdu, si on lui laissait le tems d'exécuter son expédition. Cela était vrai. Les généraux Valence et Thowenot en convenaient eux-mêmes. Quant à Miranda, autant il avait montré de confiance jusques-là, autant il était abattu par les dernières circonstances, qui justifiaient les dépêches du général Valence, qui avait toujours prédit des évènemens funestes, pendant que toutes les lettres de Miranda annonçaient toujours qu'il n'y avait rien à craindre du rassemblement des impériaux; il aurait eu raison, si les Français leur eussent opposé un rassemblement pareil, ce qu'ils pouvaient et devaient faire. Il est à présumer que le prince de Cobourg n'aurait pas tenté le sort d'une bataille, et les Français ne devaient pas craindre de la donner.

Les commissaires de la Convention s'en allèrent précipitamment à Paris, y firent un rapport si allarmant, peignirent si vivement la consternation de soldats, qu'il fut décidé que le général Dumouriez pouvait seul remédier à des dangers aussi éminens et sauver l'armée; qu'on lui envoya l'ordre le plus absolu d'abandonner l'expédition de Hollande, et d'aller se mettre sur le champ à la tête de la grande armée. Il reçut cet ordre le 8 au soir, et il partit le 9 au matin, le désespoir dans l'ame.

Il laissait l'armée aux ordres du général de Flers, qu'il savait être incapable, mais il n'avait pas un autre officier-général à mettre à sa place. Le général d'Arçon était perclus de rhumatisme, ne pouvait pas continuer la campagne, et refusait même le grade de lieutenant-général, que Dumouriez venait d'obtenir pour lui, en récompense de la prise de Bréda. Il se retira à Anvers. Le lieutenant-général Marassé, ancien militaire, plein d'expérience, d'honneur et de courage, commandant à Anvers, ne pouvait pas, vu son grand âge être chargé d'un commandement actif. Le projet du général était, aussi-tôt à son arrivée à l'armée, d'y envoyer le général Miranda.

Il laissait à cette armée son chef d'état-major, le colonel Thowenot, qui en était l'ame. Il lui laissa copie des instructions du général de Flers, à qui il recommanda de ne rien faire que de concert avec le colonel Thowenot. Il ordonna qu'on entreprît tout de suite le passage de Gertruydenberg ; que si ce passage réussissait, le général de Flers se tînt à Dordt, et lui envoya un courier pour recevoir ses ordres subséquens.

Mais le départ de Dumouriez glaça tous les cœurs de cette armée ; ceux qui avaient montré le plus d'audace et d'impatience, trouvaient alors l'entreprise impossible. Elle le devint effectivement quelques jours après, la marine Hollandaise se renforça, les Prussiens s'avancèrent par Bois-le-Duc. Alors de Flers, d'après la partie de son instruction, en cas que le passage n'eût pas lieu, se jetta dans Bréda avec six bataillons et deux cents chevaux. Le colonel Tilly dans Gertruydenberg, avec trois bataillons et cinquante chevaux. Le reste de l'armée se retira à Anvers, grace au colonel de Vaux et au colonel Thowenot, qui évacua avec la plus grande constance les batteries du Mordyck, sans rien perdre, et qui sauva l'armée, qui était entiérement decouragée et en désordre. Thowenot fit sauter les fortifications de Klundert, n'ayant pas le tems d'armer cette petite place.

Ainsi se termina l'entreprise de la Hollande, conçue et préparée en dix jours, et qui eut probablement réussi, sans la retraite d'Aix-la-Chapelle. Elle ne coûtait pas un sol à la France. Il lui restait deux bonnes places, qui devaient arrêter l'ennemi, et qui pouvaient servir de places d'armes, en cas qu'on reprit le projet de la Hollande. Il n'y avait de ce côté que des avantages, et point de honte. Mais toutes les espérances de Dumouriez étaient perdues, et il fallait, tant pour le dehors que pour le dedans de la France, qu'il fît de nouveaux plans.

Fin du premier Volume.

TABLE DES MATIÈRES

Contenues dans ce premier Volume.

CHAPITRE PREMIER.

État des affaires générales. Pag. 1
Chap. II. État des Armées. 11
Chap. III. Le Général Dumouriez part de Liége. 25
Chap. IV. Son séjour à Paris. 37
Chap. V. Procès du roi. 46
Chap. VI. Tentatives infructueuse du général Dumouriez. 52
Chap. VII. Mort du Roi. 63
Chap. VIII. Conférences de Cambon. 71
Chap. IX. Conférence du général Dumouriez avec quelques Jacobins. 82
Chap. X. Conseil d'état. 89
Chap. XI. Retraite de Rolland. 110
Chap. XII. Négociations de Hollande. 117
Chap. XIII. Départ de Maulde, de Maret et du général Dumouriez. 130
Chap. XIV. Négociation, etc. 135
Chap. XV. Plan de campagne. 147
Chap. XVI. Formation, etc. 160
Chap. XVII. Rassemblement, etc. 207

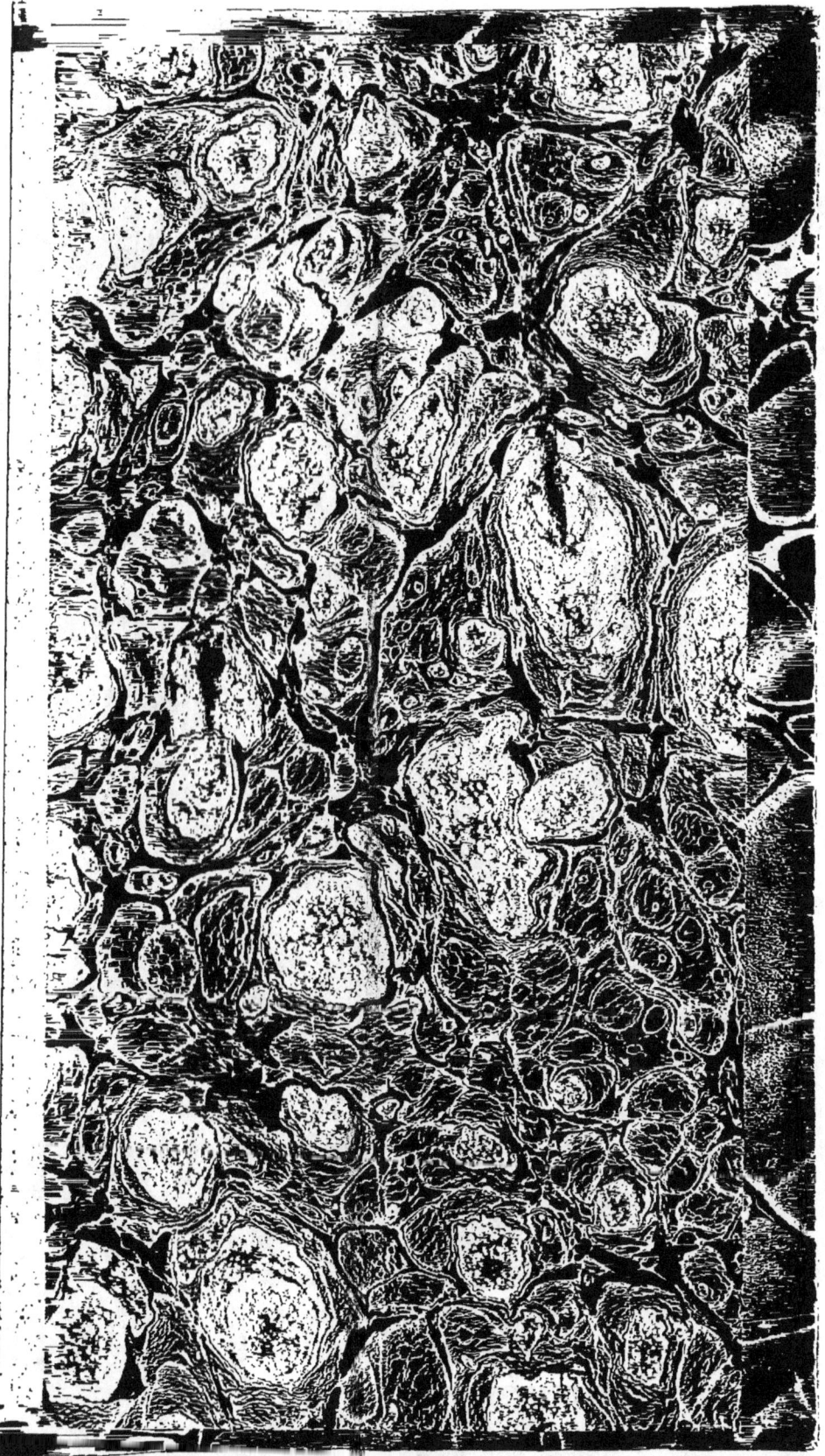

www.ingramcontent.com/pod-product-compliance
Lightning Source LLC
Chambersburg PA
CBHW060121170426
43198CB00010B/983